National Defense Education Review

国防教育研究

2018

陈 波◎主 编

- 国防教育学科建设构想
- 美国国防教育的独特理念、实施机制及成效
- 社区国防教育师资建设机制研究
- 总体国家安全观下高校国防教育与国家安全教育的融合
- 世界主要国家国防教育的基本特点及对我国的启示
- 高校国防教育课程对话教学应用初探
- 新时代高校学生军训工作的问题与对策研究
- 普通高等学校军事类通识课程建设研究

时 事 出 版 社
北 京

国防教育研究 *2018*

编写单位 中国指挥与控制学会国防教育专业委员会
中央财经大学国防经济与管理研究院

主　　编 陈 波
副 主 编 杨翠娥 王萍萍
执行主编 杨千里 侯 娜
编　　辑 白 丹 郝朝艳 余冬平 王沙骋 刘建伟
池志培 王萍萍 李玲玲 蔺玄晋 徐东波
彭荣础 赵中华 叶 欣 李 瑾 盛 夏
姜树和 杨 熠 吕云震 李潇潇 刘 坤

教育部哲学社会科学研究重大课题攻关项目

“新时期学校国防教育和学生军训工作体系建设研究”（14JZD052）资助

教育部全国学生军训年度报告2017支持项目

全国军地国防教育与学生军训协同创新研究基地支持项目

卷首语

兵者，国之大事，死生之地，存亡之道，不可不察也。

国防教育是关系国家生死存亡的社会工程，是建设和巩固国防的基础，是增强民族凝聚力、提高全民素质的重要途径。学校国防教育是全民国防教育的重要组成部分，是国家培养现代化人才的战略性举措。在学校尤其是普通高等学校设置军事课程，进行学生军事训练，是《中华人民共和国国防法》《中华人民共和国兵役法》《中华人民共和国国防教育法》等赋予普通高等学校的神圣职责，是适应国家高等教育发展和提升人才综合国防素养的需要，也是世界各国的通行做法。

天下虽安，忘战必危。尽管和平与发展仍是时代的主题，但全球性挑战日益增多，新的安全威胁因素不断出现，局部战争和武装冲突时有发生，天下仍不太平。作为世界上最大的发展中国家，中国仍面临多元复杂的安全威胁，生存安全与发展安全互为影响、传统安全与非传统安全威胁相互交织，维护国家统一、领土完整、发展利益的任务艰巨繁重，加强国防教育特别是学校国防教育和学生军训任重而道远……

为了加强国防教育和学生军训教学和科研水平，我们从今年起陆续编辑出版《国防教育研究》，主要关注学校国防教育、学生军训等领域，亦兼顾全民国防教育研究，着力刊载学校国防教育、学生军训和全民国防教育领域重大理论与现实问题研究成果，倡导规范、严谨的研究方法，鼓励和经验研究相结合的学术取向，为本领域学者、其他学术同行和感兴趣的读者提供高水平的学术交流平台。

为办好《国防教育研究》，欢迎大家多提意见建议。海纳百川，有容乃大，让我们携起手来把《国防教育研究》办得越来越好。

编委会

2018 年 2 月

目　录
CONTENTS

国防教育学科建设构想 …………………………………………… 刘玉清/1

美国国防教育的独特理念、实施机制及成效 ……………………… 彭荣础/18

对深化普通高校学生军事训练改革的再思考

——兼论对国办发［2017］76 号文件精神的

落实 ………………………………………………… 蔺玄晋　尹建平/31

社区国防教育师资建设机制研究 ………………………………… 徐东波/48

总体国家安全观下高校国防教育与国家安全教育的

融合 ………………………………………………… 谢素蓉　徐东波/57

基于“互联网 +”的通识课教学改革探究

——以《孙子兵法》通识课为例 ………………………………… 毛雪梅/70

世界主要国家国防教育的基本特点及对我国的

启示 ……………………………… 陈　震　卢　伟　柳艳鸿　李　鹏/82

聚焦新型领域 加快调整军事理论课教学内容

体系 ………………………………………… 乔俊建　佘本林　杨　洋/94

高校国防教育课程对话教学应用初探 …………………………… 徐昭东/107

新时代高校学生军训工作的问题与对策研究 ……… 卢海英　王小民/119

军民融合：高等学校国防教育改革的实践探索 ……………… 张春雷/130

普通高等学校军事类通识课程建设研究 ………………………… 杨　新/141

国防教育学科建设构想

刘玉清*

摘　要：改革开放后，随着全民国防教育广泛开展，相关单位通过理论攻关、实践活动等多种方法，深入研究了国防教育的理论和现实问题，并取得了可喜的研究成果。本文从国防教育学科建设的意义出发，阐明创建国防教育学是国防教育实践活动的需要，是为国防教育工作者提供理论指导，有利于自身学科体系发展和完善的必然要求。进一步从学科建设角度，说明建立国防教育学科已经具备了应有的条件。主要表现在有明确的研究对象和范畴，有相对独立完整的理论研究成果，有长期国防教育实践经验的积累，有专门从事国防教育教学和研究的机构及人员。最后，从国防教育学科理论、国防教育学科方向和国防教育知识体系等方面探讨了国防教育学科理论的构成。

关键词：学科建设意义；学科建设依据；学科理论体系

---

* 作者简介：刘玉清（1966 年—），博士，现任国防大学教授，主要从事国防教育和学生军训工作方面的教学和科研工作。

现代社会发展的实践表明，随着国际形势深刻演变和我国国家安全面临前所未有的威胁和挑战，国防教育已成为建设巩固国防和强大军队的基础，增强民族凝聚力的重要举措，提高全民素质的有效途径。改革开放后，随着全民国防教育广泛开展，相关单位通过理论攻关、实践活动等多种方法，深入研究了国防教育的理论和现实问题，并取得了可喜的研究成果。但由于国防教育理论长期分散在军地两方，迫切需要进行认真梳理和归纳总结，探索建立相对独立、系统完整、具有中国特色的国防教育学科。

一、国防教育学科建设的意义

创建国防教育学科，对于深入研究国防教育内在规律、探寻国防教育学科的科学发展之路、丰富和完善国防教育理论、改革和创新国防教育实践，都具有十分重要的意义。

（一）国防教育实践活动的需要

国无防不立、民无防不安。广大公民的忧患意识和国防观念源于国防教育，国防建设的重要社会根基也源于国防教育。那么，如何理解国防教育的本质内涵，从理论上解读和阐述国家为什么要开展国防教育，国防教育是一项什么性质的活动，开展国防教育的目的是什么、有什么样的功能、起什么样的作用、如何才能做好这些工作，都需要较为系统的学科理论支持和指导。

1. 为全民普及国防教育提供理论依据

国防教育学科建设的着眼点和落脚点，是为国防教育实践提供理论指导，是全民普及国防教育活动的基本依据。主要体现在：国防教育学揭示国防教育规律和指导规律，对国防教育方针、国防教育原则和国防教育法规的制定，提供基本理论依据；国防教育现实理论研究是国防教育学的重要组成部分，国防教育学对国防教育面临的重要现实问题的研究提供基本理论依据；国防教育学对国防教育实践还具有预测作用，对国防教育的发展提供前瞻性理论依据；国防教育学对国防教育组织者和训练者具有传授教育知识的作用，任何一级的训练者和组织者，如果不掌握系统的国防教育理论，就很难有效地组织国防教育活动，训练者如果不把握科学的国防教育规律和方法，也难以取得最佳的教育效果。

2. 为国防教育工作者提供更好的事业平台

国防教育事业发展的关键在于国防教育工作者，说到底是国防教育人才队伍建设。国防教育人才队伍建设，实际上包括学科专业和教育专业两个方面，要求国防教育工作者既是学科知识方面的专家，又是组织教学和管理教育方面的能手。学科专业知识是不同学科领域互相区别的标志，是各种专业人才不可替代性的关键点。因此，普通高等学校建立一支国防教育人才队伍，就必然要求建立国防教育学科，并以此为依托，对国防教育工作者不仅传授系统的学科专门知识，而且还要进行专业化的培养，才能促进国防教育工作者不断提升业务水平和专业能力。因此，国防教育学科建设是国防教育工作者的立足之本和事业平台。

3. 为普通高等学校上好军事课提供学科依据

高等院校是培养国家人才的基地，在培养国家经济建设和国防建设的人才方面，起着不可替代的作用。30 多年以来，高等学校军事课程建设已经取得了长足的进步，同时也出现许多急需解决的问题，而产生这些问题的根本原因之一在于缺乏学科依托。高等院校国防教育实践的历史经验表明，军事理论教学和军事技能训练迫切需要学科理论的指导，必须坚持课程建设与学科建设同步发展、协调发展的科学理念，坚定不移地抓国防教育学科的创建和发展。由于不重视国防教育学科创建，缺少国防教育学科理论的指导，我国高校军事课程建设也受到诸多发展瓶颈的制约，处于发展动力不足，甚至徘徊不前的困境之中。可见，不解决方向性、基础性的理论问题，国防教育势必难以走上良性循环和自我完善的发展道路。因此，创建国防教育学科，是丰富和发展高校国防教育的历史必然，也是加强青年学生素质教育的现实需要。

（二）为国防教育工作者提供理论指导

国防教育理论来源于国防教育实践，又指导国防教育新的实践。国防教育学是概括了国防教育内在规律的理性认识与系统知识的学科，对国防教育工作的开展与普及具有指导作用。

1．有助于准确把握国防教育规律，提高国防教育的科学性和有效性

国防教育学作为完整的知识体系，透过国防教育的各种现象，总结国防教育的经验，探索国防教育的最优化途径，研究国防教育的基本原理，揭示其本质规律，为国防教育实践提供遵循的原则和决策的依据。国防教育学的理论知识是对国防教育规律的科学概括和表达，研究和探讨国防教育理论知识，意味着对国防教育的有关规律有了深入了解和把握，这样才能在国防教育工作中避免盲目性和不必要的失误。国防教育工作者要研究国防教育规律，探讨和掌握国防教育学的理论知识，才能深刻理解、准确把握和正确运用这些原理与规律，不断增强国防教育工作的科学性和有效性，确保国防教育工作坚持正确方向，取得良好效果。

2．有助于自觉遵循教育规律，做好国防教育的领导和组织工作

国防教育是国防建设的重要组成部分，国防教育必须重视传授国防知识和技能，为国防现代化建设以及国家安全和发展利益服务，这是国防教育的方向问题。与此同时，国防教育又是教育事业的重要内容，必须遵循教育的规律，促进受教育对象综合素质的全面提高。国防教育属于国民的基本素质教育。国民素质的要素是多元的，其结构是多维的，国防素养就是其中一个重要的方面，它不仅是思想道德素质的重要组成部分，而且也是科学文化素质的有机构成，更是一个公民履行基本法律义务的必然要求。从这个意义上说，国防教育也就是国民的基本素质教育，是国家教育事业的重要内容。因此，国防教育工作者必须遵循教育规律，努力做好领导和组织工作。

（三）有利于自身学科体系的发展和完善

任何学科理论的发展，都要经历从实践中总结经验，再由经验升华为理论的过程。创建国防教育学科的过程，本身就是学科体系不断发展和完善的过程。

1．深化和拓展社会科学研究领域

国防教育作为一种特殊的社会实践活动，具有特定的教育目的、内容、对象和方法手段。国防教育学是以国防教育实践活动为研究对象，运用专门的研究方法，形成的个性鲜明的理论体系。建立国防教育学，开辟了社会科学的新领域，不仅丰富了军事科学理论，而且丰富了教育科学理论，对繁荣和发展社会科学具有积极的作用。

2．确立本学科在人文社会科学领域的地位

国防教育是一门新兴学科，需要按照新兴学科建设的要求和标准全面加强国防教育学科建设，科学规划学术研究课题的选题、申报、经费申请，学术成果的评审、鉴定，学术著作的出版、发行等，促进本学科的学术研究工作。认真普及和开展国防教育教学，组织实施国防教育活动，推进党、国家、政府、军队和社会各界充分认识国防教育的重要意义，在政治、学术和财政等各个方面给予支持和帮助，促进国防教育学在人文社会学科体系中占有一席之地。

3．促进本学科理论体系的完善与发展

任何学科理论的发展，都要经历从实践中总结经验，再由经验升华为理论的过程。在学科理论体系形成、发展、完善的过程中，国防教育学作为学科理论建设的核心，对本学科理论体系的构建进行整体规划和宏观指导。搭建学科理论体系整体框架，需要正确界定国防教育学研究的对象与范畴，准确阐释国防教育与国防、国民教育、军事教育等相关学科领域的关系；运用科学的研究方法，对理论研究的各个方面进行统筹规划和综合平衡，全面推动国防教育理论研究沿着正确的方向，按照正确的规划顺利进行，进而形成科学、合理、完善的国防教育理论体系。

二、国防教育学科建设的依据

从科学的角度讲，学科是一个教学与科学的研究领域，它的界定是有条件的，换句话说，成为一门学科必须具备一定的条件，并不是所有的研究领域，或者所有的教学、科研都可以说成是学科。学科建立的基本条件有以下四点：明确的研究对象和范畴，构成学科学术体系的各个分支，在一定研究领域生成的专门知识，具有从事科学研究的专门人员队伍和设施。国防教育学科已具备了上述基本条件。

（一）有明确的研究对象和范畴

任何一门学科都有其独特的研究对象和范畴。研究对象是学科领域的核心，决定了领域的边界。明确研究对象，是为了揭示事物本质，探索其形成和发展的规律，并将其上升为比较完整的、系统的科学理论体系，用以指导未来实践。界定研究范畴，是为了在一定研究领域内，明确相关专门知识内涵和外延以及学科建设的适用范围。经过多年的探索和研究，广大国防教育工作者做了大量的基础性工作，对国防教育的对象和范畴进行了相对完整和合理的界定。

1. 从学科建设的角度定义国防教育

一门新兴学科，如果定义太宽泛，无法界定学科的研究范围，必然造成学科研究对象不明确，与其他相关学科的界线模糊，缺乏研究的共同基础。如定义太窄，则不能全面反映学科研究的内涵，不利于学科的创立和发展。所以，对学科基本概念的定义要准确把握其内涵和外延，抓住其内核，阐释这一事物与其他事物的本质区别，才能把握好定义对学科建设的适用度。

2012 年 8 月，由国家国防教育办公室组织，国防大学王朝田副校长主编的《国防教育学》，从有利于国防教育学学科建设的角度出发，对国防教育做出如下定义："国防教育是国家为建设和巩固国防，在全体公民中进行旨在增强国防意识、提高国防行为能力的教育活动，是国防建设和国民教育的重要组成部分。"① 这一定义从以下四个方面界定了国防教育的内涵和外延：第一，国防教育的主体是国家。《国防法》第 5 条规定："国家

① 王朝田主编：《国防教育学》，国防大学出版社，2012 年版，第 3 页。

对国防活动实行统一的领导。”明确指出国防的主体是国家。国防教育是直接为巩固和加强国防而开展的，是国防建设的重要组成部分，其主体是国家行为。第二，国防教育的对象是全体公民。我国的国防是全民的国防，全体公民对国家的安全与防卫都负有神圣的职责。第三，国防教育的目的是增强国防意识，提高国防行为能力。这是国防教育概念的核心，起着目标定位作用，同时也规定了国防教育的发展方向，有利于准确把握国防教育学的研究范畴。第四，国防教育既是国防建设的重要组成部分，也是国民教育的重要内容。国防教育这种特殊的“双重归属”，是对国防教育活动的客观反映，是一事物区别于其他事物的重要标志。明确国防教育的内涵和外延，对国防教育组织者和领导者，从巩固国防和综合育人双重功能意义上考虑国防教育工作，遵循国防建设和国民教育双重规律，建立国防教育学科，都具有重要的意义。

2. 准确把握国防教育学的实质内涵

学科是一个教学与科研的领域，换句话说，学科是科学的某一领域的教学与科研，是相关学者在一定范围内围绕该领域的知识进行创造、传递、融合与应用等活动的总和，目的是通过科学研究，揭示其本质，探寻其规律。

国防教育学就是从这一角度定义了国防教育学科，认为它是研究国防教育的现象和活动，揭示国防教育的本质，探讨国防教育的规律，并用于指导国防教育实践的学科。对国防教育的本质内涵需进一步进行分析和把握：一是国防教育作为一种复杂的社会现象或活动，形式多样，内涵丰富。从纵向来说，有幼年、少年、青年、壮年和老年国防教育，有省（直辖市）、市（区）、县、乡（镇）等各级人民政府进行的国防教育；从横向来讲，有国家、军队、社会、学校和家庭组织的国防教育等。各级各类国防教育现象或活动既具有共性，又具有个性。其共性融入国防教育的一般现象或活动中，个性则反映在国防教育的特殊现象或活动中。二是从本质上讲，国防教育是一个国家国防建设不可缺少的内容。它是社会主义精神文明建设的重要组成部分，也是全民思想政治工作的一项长期工作，是为国家整体利益服务的。三是揭示了国防教育规律。国防教育规律从本质上反映国防教育现象和活动之间普遍的内在必然联系。包括国防教育与外部事物之间的必然联系，如国防教育与政治、经济、安全、科技、文化之间的必然联系；国防教育内部事物之间的必然联系，如国防教育与国防教育对象、教学与保障、理论教育与技能教育、历史教育与现实教育等之间的必然联系。四是阐明国防教育学是为指导国防教育实践积累教育理论知识的。国防教育学是国防教育理论中的基础学科，具有很强的理论性，为了很好地指导开展国防教育，必须要积累理论知识。以此为起点，我们相信，国防教育学已经逐渐形成有着自己知识体系的独立的新学科，成为军事科学和教育科学中一门重要的交叉学科。

3. 依法明确对国防教育学科的定性定位

国防教育学是一门兼有综合性、交叉性、动态性的学科，它与自然科学、社会科学，特别是军事科学等诸多学科都存在着相互影响、相互制约、互相渗透、互相促进的关系，因而对于国防教育学科的归属问题，学术界大体存在两种观点：一是国防教育学应归属教育学；一是国防教育学应归属军事学。笔者认为，学科的归属由该学科的研究对象决定，国防教育学科归属应由国防教育学的研究对象决定。国防教育学是以国防教育的现象和活动为研究对象的，国防教育的内容又与军事有着千丝万缕的联系，因此，国防教育学归属军事学更为合理。国防教育学科属性问题是与国防教育学科建设步伐紧密联系的，这不仅仅是个理论研究问题，更重要的是需要相关法规明确的问题。

在我国，国防教育学是一个新兴学科，2007 年出版的《中国大百科全书 · 军事》（第二版），吸收了以往的研究成果，设置了 15 个知识门类和 100 个学科单元，并在国防建设知识门类之下设置了国防教育学，标志着其在国防建设理论中的新兴学科地位已基本确立。国防教育学作为军事学与教育学的交叉学科，已发展成为一门新兴学科，具有独立的学科地位。

（二）有相对独立完整的理论研究成果

国防教育学作为一门新兴学科，是长期国防教育活动的产物，也是全民国防教育深入持久发展的客观需要。其建设和发展需要持续深入的理论研究和工作实践，不断探索完善能充分反映自身内在逻辑的科学体系，才能支撑国防教育学科建设。自20世纪80年代有关学者提出建立国防教育学科以来，该领域广大工作者就学科建设问题展开了深入研究，取得了相当大的成果，形成了相对独立和完整的国防教育理论研究成果，为国防教育学科建设奠定了坚实的理论基础。

1.《国防教育学》学科专著业已发行

国防教育学科建设研究起步于20世纪80年代末和90年代初。军内外许多学者、专家对国防教育学科建设进行了积极的探索和研究，全国各地广泛而深入地开展了国防教育学科研究活动，国防教育既有“学”也形成了“学”。1988年8月，由毛文成、兰书臣主编的《国防教育》一书中，首次提出“国防教育要有‘学’”。2000年4月，由武炳等主编的《国防教育学》出版，为建立国防教育学奠定了一定的基础，起到很大的导向作用。2012年8月，由国家国防教育办公室组织，国防大学王朝田副校长主编的《国防教育学》出版，从学科的角度，比较系统地回答了国防教育学基础理论和应用理论问题，为创立国防教育学打下了坚实的基础，为构建国防教育理论体系提供了理论依据，为国防教育学科建立提供了基本教材。

2. 国防教育学科相关教材相继出版

学科建设不仅需要学科理论教材，而且还要求以相关配套教材作为支撑，才能构成国防教育学科完整系统的理论体系。经过长期的实践、积累，近几年相继出版了一系列有关国防教育的论著，如《国防理论导读》《国防基础知识》《国防历史概要》《国防基本技能》《学生军事训练概论》《学生军训理论和实践研究》《家庭国防教育通俗读本》《边疆民族地区国防教育通俗读本》等，从国防理论教育到军事训练实践环节，极大地丰富和发展了国防教育理论，对国防教育学科建设起到了应有的支撑作用。

3. 相关理论学术研究不断深入

随着国防教育相关论著的出版，理论界和学术界对国防教育学科研究也不断深入，主要集中在以下几个方面。一是对建立国防教育学科的必要性进行探讨。一些研究认为建立国防教育专业是全民国防教育系统工程的一个重要组成部分，应在高校设立国防教育专业。一些研究认为，应适应国防教育事业发展的迫切需要，加强国防教育的学科意识，大力开展相应理论研究，等等。二是在认同国防教育学科独立性的基础上对其基本属性进行探讨。如一些研究认为应科学定位国防教育学科理论体系的逻辑起点，认为国防知识的教与学，既是围绕不同教育对象的最基本、最普遍、最常见的现象，又是国防教育学理论体系中最抽象的概念，应是理论体系中的逻辑起点。一些研究就国防教育学归属问题进行了探讨，认为其归属教育学更加合理。三是对国防教育学科的具体层面，即国防教育教学进行探讨。如一些研究认为国防教育教学要改革“课题式”课程、构建“积木块式”的学科体系，一些研究认为普通高等学校国防教育课程体系建设的基本思路是抓好课程教学方法优化建设、课程体系建设、师资队伍建设以及国防教育教学设施建设，等等。

（三）有长期国防教育实践经验的积累

中华人民共和国建立后，党和政府坚持把国防教育作为巩固国防的基础环节，高度重视对国防教育的组织领导。特别是改革开放以来，国防教育不仅继承了历史上的优良传统和经验，而且在新时代又有新的发展，积累了丰富的国防教育经验，国防教育工作深入广泛开展。

1. 在国防教育实践中逐步完善国防教育法规制度

随着我国《宪法》《兵役法》《国防法》和《国防教育法》等法律的相继颁布实施，为开展国防教育活动提供了强有力的法律保障。国家国防动员委员会制定颁发了《全国国防教育大纲》，成为贯彻《国防教育法》的实施细则，对全民国防教育的原则、对象、内容、实施方法和保障措施等做了全面规范。这些法律法规的实施，标志着我国国防教育事业走上了法制化轨道。与此同时，全国国防教育活动得到全面调整和规范，绝大多数省（自治区、直辖市）制定或修订了国防教育条例，大部分市、县制定完善了国防教育的有关规章制度，初步形成了配套的地方性法规制度体系。

2. 在推进国防教育进程中找到扩大国防教育普及范围的思路

各级部门和单位坚持把领导干部、青少年学生和民兵预备役人员作为教育重点，全面推动国防教育在社会各个层次和各种群体中的贯彻落实。近几年，全国有近3000所党校开设了国防教育课，每年有100多万各级领导干部接受比较系统的国防知识学习和培训；2500多个民兵预备役训练基地开展了国防教育；有近2000所高等院校和2.6万余所高级中学开展了学生军训。各级报刊、电台、电视台普遍开设了国防教育专栏或专题节目，普及和宣传国防知识，使广大群众在潜移默化中受到了教育。

3. 在教学实践中不断推动国防教育学科建设进程

随着形势的发展，2001年，教育部部长袁贵仁首次提出“国防教育要有学”。2003年教育部提出了关于制订普通高等学校国防教育专业教师在职攻读硕士学位培养方案的指导意见，并决定由六所大学承担教学任务。2005年一些大学开始创建理论体系，设立硕士、博士点，有了相应的学术阵地和学术刊物。由于这些学校的教学任务由不同的学科来承担，造成当时国防教育的归属也不同，有的归属法学，有的归属教育学。在学科人才队伍建设上，引进了军事学、教育学、历史学博士等高端人才，充实国防教育教师队伍。经过多年的发展，已经有国防教育学的研究生毕业，走上了学校国防教育的工作岗位。

（四）有专门从事国防教育教学和研究的机构及人员

1. 国防教育教研组织机构相继成立

国防教育教研组织机构是国防教育教学和科研的主体部分，是国防教育具体组织、计划、协调和执行机构，对普及和提高国防教育具有不可替代的作用。1997年4月，教育部成立全国普通高等学校军事教学指导委员会，对全国普通高等学校军事教学课程建设及教学科研活动进行全面指导。2002年4月，学生军训教学协调中心正式成立，承担对普通高等学校学生军事理论教学工作的协调指导任务。与此同时，全民进行国防教育的国防教育讲师团开始组织运行，在承担普通高等学校军事理论教学的同时，积极参与全社会的国防教育，在培养国防人才，加强国防后备力量建设，增强全民国防意识、提高全民国防技能和促进国防教育理论发展等方面发挥了重要作用。

2. 国防教育教研工作机构逐步健全

国防教育教研工作机构，是加强国防教育理论研究和提高国防教育教学效果的常设机构，主要规定国防教育教学和科研机构设置、职责划分、相互关系等。2001 年，承担学生军训教学任务的军队院校和各省军区（卫戍区、警备区）均成立了学生军训教研机构，并积极开展国防教育的教学和科研工作。2004 年 1 月，教育部为加强普通高等学校军事理论课教学工作，确保军事训练工作的顺利进行，要求各普通高等学校普遍设立了军事教研机构（军事教研室），加强对军事理论课教学和军事技能训练的组织和管理。军事教研室设立后，不断加强军事课教学，积极参与军事教学研究和经验交流活动，使学生军训工作发展到一个新的阶段，在国防教育中发挥了重要作用。

三、国防教育学科理论体系的构成

国防教育学作为一门新兴的交叉学科，应坚持科学发展、突出特色、注重实用的原则，结合国防教育实践和发展的实际需要，科学界定学科理论的研究范畴，明确学科专业的研究方向，阐明其学科辅助知识体系构成，科学构建完整的国防教育学科理论体系。

（一）国防教育学科理论构成

国防教育学有自身相对独立的研究范畴，研究的内容随着国防教育实践和理论的发展而不断深化和拓展，已形成比较完整、系统和科学的理论体系。从学科理论上讲，可分为基础理论和应用理论两部分。从学科发展上讲，国防教育学又可分为国防教育史学理论和国防教育发展理论两部分。

1. 基础理论

学科基础理论，亦称基本理论，是关于学科研究对象本质、特征和客观规律的基本认识。国防教育基础理论，是对国防教育一般规律的研究，是从各种形式、多种内容及不同类型的国防教育理论中抽象、提炼出来的国防教育共同规律，是反映国防教育普遍现象和一般问题的系统知识，对各种方式的国防教育实践和理论研究起着宏观指导作用。基础理论又包括综合性理论和专项性理论两部分。

2. 应用理论

学科应用理论，也可称之为指导和规范实践行为的理论，是关于主观作用于客观的理念、途径、程序和方法的系统知识。应用研究是为了进一步认识某一领域所遇到的具体问题和具体矛盾，找到解决矛盾的方法措施。国防教育应用理论是对国防教育特殊规律的研究，是具体指导和规范国防教育实践行为的系统知识，是国防教育学学科理论的核心部分，对各种方式、不同内容的国防教育实践和理论起具体指导作用。国防教育应用理论是国防教育理论研究的落脚点，它源于国防教育实践，又反过来指导国防教育实践，直接为国防教育实践服务，解决国防教育在当前和发展中存在的重大理论和现实问题。

3. 史学理论

学科史学理论，是总结成功经验、牢记历史教训和警示未来发展的理论。国防教育史学理论主要针对国防教育活动和国防教育理论产生、发展的历史实践，系统总结经验教训，进行中外国防教育理论和实践的比较研究，从而能够按照历史发展的轨迹，借鉴中外国防教育的历史经验，认识国防教育的内在规律，不断丰富和完善国防教育学理论体系。

4. 发展理论

学科发展理论，是关于本学科的性质、特征和指导学科建设与发展的系统知识。发展研究是为进一步更新学科知识，揭示学科发展规律，探索新的研究方法，规划学科发展方向。研究国防教育发展理论，有利于不断丰富和发展国防教育学科知识体系，深入揭示国防教育发展规律，努力探索国防教育的新方法，进一步规范学科建设，推动学科基础理论与应用理论向前发展。

（二）国防教育学科方向构成

国防教育是一门面向全体公民、集军事学与教育学于一体的交叉学科。其研究目的是如何合理和有效地运用国防教育资源，为建设巩固国防、凝聚全民信心、促进素质提高而进行的教育活动，服务于国家安全和发展利益。以此为目的，国防教育研究应该从各研究领域出发，选择适合本领域特点的国防教育问题，确定国防教育研究方向和范畴。

1. 国防教育理论研究

国防教育理论研究是国防教育学科研究的理论基础，不仅揭示国防教育的本质属性、审视国防教育的形成发展、探索国防教育的特点规律、预测国防教育的发展方向，而且对国防教育工作具有全局性的指导作用，是国防教育研究领域的一个重要方向。主要内容：一是基础理论研究。基础理论又包括综合性理论和专门性理论两部分。综合性理论着重研究国防教育学的研究对象和内容，国防教育的任务、地位和作用，国防教育发展的历程，国防教育的特点与规律，国防教育的指导思想和基本原则，等等。专门性理论着重研究国防教育管理，国防教育保障，以及学校国防教育、家庭国防教育、社会国防教育和军队国防教育的特殊方法，等等。二是应用理论研究。其研究内容主要包括：国防教育的任务和实施要求，国防教育对象及分类，国防教育内容和方法，国防教育体制，国防教育保障和国防教育检查考评，等等。三是史学理论研究。着重研究世界各国在不同历史条件下的国防教育规律的系统知识。包括中国古代、近代与现代的国防教育；外国古代、中世纪、近代与当代国防教育；国防教育的发展趋势；中外国防教育理论和实践的比较研究。四是发展理论研究。主要包括国家安全环境、社会环境、战争形态的最新变化和未来发展以及对国防教育的新要求，科学预测国防教育的发展趋势，探索国防教育形式、内容和方法调整改革，进行国防教育理论创新。

2. 学生军训工作

《全民国防教育大纲》明确规定，“高等学校应当对学生进行全面系统的国防教育，目的是增强学生的国防观念和国家安全意识，强化民族自信心、自尊心和自豪感，激发爱国主义、集体主义和革命英雄主义精神，掌握基本的国防知识与技能，全面提高国防素养。”学生军训是学校国防教育的重要内容，是国家人才培养战略和国防后备力量建设的重要组成部分。它是国防教育研究领域的一个重要方向。主要内容包括：一是学生军训的组织领导及其体制机制建设；二是军事技能训练和军事理论教学的内容和方法及其组织实施的步骤和要求；三是军事教师和派遣军官的生成、选拔、配备、培训和管理；四是学生军训保障的主体、内容和方法及其相关法规；五是关于学生军训奖励与惩处的范围、标准和方式等。

3. 国防教育历史

历史是一面镜子，可以正衣冠、知兴替，是全体公民建立正确的世界观、历史观的重要来源。历史教育可以体现国家意志，宣示国家统治的正当性和国家主权的正统性。国防教育历史研究就是对古今中外国防教育的成功经验，本着“择其善者而从之、其不善者而去之”的科学态度，汲取历史经验、牢记历史教训，为推进国防教育质量全面提高以及推动国防教育向全民化、常态化和法治化发展提供有益借鉴，是国防教育研究领域的一个方向。主要内容包括：一是国防教育的产生和形成；二是国防教育的丰富和发展；三是外国国防教育历史；四是世界各国国防教育的经验和教训。

4. 国防知识传播

知识是信息时代决定竞争力的重要资源，知识传播是知识加工过程的重要环节，无论对个人还是组织，知识传播对提高大众认知能力都具有重要影响。国防知识传播面向全体公民，传播内容丰富，方法、渠道多种多样，是国防教育研究领域的一个发展方向。主要研究内容包括：一是国防知识传播的特点和规律；二是国防知识传播的对象和内容；三是国防知识传播的形式和方法；四是国防知识传播的管理和要求；五是国防知识传播的实现和创新。

5. 外国国防教育

当今世界，由于国体、文化、政治制度和地理位置的差异，许多国家的国防教育都有着丰富多彩的内容和行之有效的方法。考察和了解这些国家国防教育的有益经验，对于解放思想、拓宽视野、创新方法，推动我国国防教育深入开展具有一定的借鉴作用，是国防教育研究领域的一个方向。主要内容包括：一是外国国防教育认知；二是外国国防教育形式；三是外国国防教育法规制度；四是外国国防教育组织实施；五是外国国防教育保障机制。

（三）国防教育知识体系构成

国防教育学是一门集政治、军事、科技、文化、法律、教育等于一体的综合交叉性学科，既有理论研究又有实践应用，既有定期常态教育又有动态实时教育，需要运用现代化的方法，对其内容进行系统、专门的研究。因此，国防教育学科研究需建立系统的知识体系。

1. 国防理论

国防理论，是关于建设巩固国防的规律性、系统性和指导性的理性认识，对国防建设和军事斗争具有重要的指导作用。国防理论知识是一个科学的理论体系，是国防教育的重要内容。主要包括：一是军事思想。即马克思列宁主义军事理论、毛泽东军事思想、邓小平新时期军队建设思想、江泽民国防和军队建设思想、胡锦涛国防和军队建设思想、习近平强军思想；二是我国国防政策和军事战略；三是国防建设、军事斗争特别是信息化战争的理论。

2. 国防知识

国防知识，从广义上讲，是指人们在国防实践中所形成的认识和经验的总和，是涉及国防建设各个领域的理性化的内容体系，对公民国防观念的形成和发展起着重要的奠基作用，是国防教育的基本内容之一。主要包括：一是国家领土、领海、领空以及海洋权益知识；二是信息化战争知识、军事高科技知识和国防经济知识；三是人民军队的性质、宗旨和任务；四是我国的国防领导体制、武装力量体制、兵役制度和国防动员体制。

3. 国防历史

国防历史，是国家为捍卫主权、安全和领土完整而进行的斗争实践和历程记载，它是进行国防教育的生动教材，国防教育的重要内容之一。主要集中体现在我国国防与战争历史上。重点进行爱国主义、集体主义、革命英雄主义教育，加强党史、国史、军史教育，着重了解中华民族为国家统一、独立、富强而浴血奋战的历程，了解中国共产党领导全国人民和人民军队在中国革命、建设和改革各个历史阶段建立的功勋，了解革命先烈、民族英雄和仁人志士的高尚品格和光辉事迹。

4. 国防法规

国防法规，是调整国防和武装力量建设领域各种社会关系的法律规范的总和，是国家法律的重要组成部分，是加强国防和武装力量建设的基本法律依据，也是规范公民国防行为、履行国防义务和享有国防权利的基本遵循。国防教育必须贯彻执行的内容主要包括：一是宪法有关条款；二是国防法、兵役法、国防动员法、国防教育法、军事设施保护法、人民防空法等法律法规；三是公民的国防义务与权利。

5. 国防形势与任务

国防形势与任务，主要指国家国防建设和军事斗争面临的情况和使命。其内容在和平时期和战争时期有很大差别，通常根据国家的国防政策、军事战略和现实需求确定，是国防教育经常性的动态内容。主要包括：一是针对国际国内环境的发展变化，开展国家安全形势教育；二是国家安全面临的现实挑战和潜在威胁；三是世界新军事革命的发展态势；四是我国国防和军队建设的使命任务；五是国家安全意识、忧患意识和危机意识教育。

6. 国防技能

国防技能，是公民履行国防义务和国防勤务必须具备的体能和军事技能的总称，是公民履行国防义务能力和素质的具体体现，国防教育实践的重要内容之一。主要包括：一是学生军事技能训练；二是群众性的国防体育活动；三是防空袭、核化生武器防护、战场救护、轻武器使用、单兵和分队战术技术等军事技能。

美国国防教育的独特理念、实施机制及成效

彭荣础*

摘　要： 1958年的《国防教育法》，是美国视“教育即国防”独特国防教育理念的具体宣示。这种理念一直为美国社会所珍视和坚持，并形成了与之相对应的项目制独特实施机制。母星计划（DoD STARBASE）、青少年后备军官训练团（JROTC）和国民警卫队青年挑战计划（NGYCP）是其代表性的国防教育项目。这些项目的国防和育人效应显著，为我国国防教育提供了有益启示。

关键词： 美国国防教育；独特理念；实施机制；成效

作为世界超级军事强国，美国对国防教育有着独到理解。美国人坚

---

* 作者简介：彭荣础（1979年—），广东信宜人，社会学博士，教育学博士后，现为厦门大学军事教研室助理教授、硕士生导师，主要从事国防教育基本理论研究。

基金项目：2014年度教育部哲学社会科学研究重大课题攻关项目“新时期学校国防教育和学生军事训练工作体系建设研究”（14JZD052）；福建省教育科学“十二五”规划课题“特色国防教育项目：美国中小学开展国防教育途径探究”（FJCGZZ12－020）。

信，教育是国家安全的基石。[①] 确保对诸如数学和科学等教育的大力投入，是美国保持经济及军事全球领先的最重要策略。[②] 美国前国务卿赖斯甚至认为，不能为每个美国公民提供高质量的教育是美国最迫切的国家安全问题。[③] 这意味着，在美国人看来，只有每个公民都获得良好的教育，掌握了现代社会和现代国防所必须的科学知识和技能，美国的国家安全才能获得最大的保障。因此，美国并不是将国防教育视为教育的一部分，而坚持认为国防教育就是教育的全部，教育就是国防教育。这种独特国防教育理念在美国 1958 年《国防教育法》中得到了具体宣示，此后也一直为美国社会所珍视。基于这种独特的国防教育理念，美国也形成了以综合国防教育项目为核心的特色国防教育实施机制，国防教育的国防和育人功效显著。这为我国国防教育的开展提供了有益借鉴。

一、教育即国防：美国独特国防教育理念的宣示及坚持

1958 年的美国《国防教育法》不仅对美国的教育、文化、社会、经济有着深远影响，同时，它“在美国历史上第一次以法律的形式把教育置于国家安全的重大战略地位”，[④] 将教育，尤其是高等教育与国家安全紧密联系起来，明确宣示了教育即国防的美国独特国防教育理念。“本法的目的是加强国防，鼓励和支持教育计划的扩展与改进，以满足国防的重大需要。”“国家的安全需要最充分地开发全国男女青年的脑力资源和技术技能。……美国的国防取决于对复杂科学原理和现代技术的掌握；国防还取

① Benjamin Freakley, “Strong Students, Strong Futures, Strong Nation,” *the State Education Standard 11*, no. 1 (March 2010): 4 – 8.

② Newt Gingrich, *Winning the Future: A 21st Century Contract with America*, Washington, DC: Regnery Pub., 2005, p. 152.

③ Benjamin Freakley, “Strong Students, Strong Futures, Strong Nation,” *the State Education Standard 11*, no. 1 (March 2010): 4 – 8.

④ 郑宏：《美国〈国防教育法〉的制定及其历史作用》，《江西社会科学》，2011 年第 1 期。

决于新原理、新技术和新知识的发现与发展。……这就要求我们制定计划，保证一切有能力的学生不因经济困难而失去高等教育机会；这就要求我们尽快改变教育计划中不平衡的状况，这种不平衡使得我们人口中接受科学、数学、现代外语和技术教育的人比例过低。……因此，本法之目的是给个人、州和州以下机构以各种形式的大量支持，以确保培养出大量的高质量人才来满足美国国防的需要。"[①]从上述立法目的及《国防教育法》的冠名可以清楚地看到，1958 年《国防教育法》实际上就是美国第一次对其国防教育理念的明确宣示。它明确勾划了通过大力发展教育、培养优秀人才以增强美国国家竞争力及国家安全的宏伟蓝图，并将之命名为《国防教育法》。这等于向世人宣告，美国将教育视为国家安全的根基，教育就是美国的国防教育。

此后，将教育等同于国防教育，并由此真正将教育视为国家安全和发展根基的传统一直为美国所珍视并一以贯之。"从此以后，美国历届政府都从国家安全出发来规划和制定教育发展战略，并成为美国的国家传统。无论是艾森豪威尔、尼克松、里根，还是老布什、克林顿、小布什，从发展教育的角度来维护国家安全成为其基本国策。"[②] 2001 年的"9·11"事件，更进一步增进了美国人对于教育之于国家安全重要性的强调，如时任美国教育部长罗德·佩奇（Rod Paige）所言："'9·11'使得教育比以往任何时候更为重要……现在我们认同，它对我们国家安全的重要性以及它对增强我们民主制度本身的重要性。"[③] 事实上，自"9·11"事件至今，美国社会的确更加坚持并强调教育在美国国家安全中的战略地位。如为了纪念《国防教育法》颁布 50 周年，继续强化以教育增强国家竞争力及国防实力的传统，美国大学联合会（AAU）2006 年专门发布名为《国防教育与创新倡议：迎接 21 世纪美国的经济与安全挑战》的报告。其中提到，为了确保美国的全球竞争力及国家安全，美国必须如当年的《国防教育

① 翟葆奎：《教育学文集——美国教育改革》，人民教育出版社，1990 年版，第 117—118 页。

② 蔡宝来：《现代教育与国家安全》，《西北师大学报（社会科学版）》，2003 年第 5 期。

③ 冯大鸣：《美国国家教育战略的新走向》，《外国教育研究》，2004 年第 1 期。

法》一样，采取切实有效的措施，以确保美国在 STEM 和外语教育以及人才吸引方面的优势。①

与之类似，2012 年被誉为美国“超级智囊团”“真正的国务院”的美国对外关系协会（CFR）发布了名为《美国教育改革与国家安全》的独立研究报告。该报告指出，美国教育体制的缺陷正将美国置于危险之中。报告撰写人、美国前教育部长玛格丽特·斯佩林斯（Margaret Spellings）表示：“我们没有足够的人从事科学、技术、工程及数学领域的研究。同样，有能力从事现代国防的人也很短缺。”为此，报告认为，要增强美国国防的基础，必须确保所有学生对事关国家安全的关键学科，如科学、数学、工程、外语等科目的学习机会及质量，必须进一步增强美国教育体制的选择性和竞争性，保证教育资源的公平分配。最后，报告还提出，政府与学校应该合作建立“国家安全预备审核”机构，对学生掌握与国家安全相关知识与技能的情况进行评估，并将结果向社会公众公布，以引起全社会对于教育与安全问题的关注和重视。②

美国独特的国防教育理念在 1958 年《国防教育法》得到了具体宣示，并在此后一直为美国社会所坚持和发展。可以看到，在美国人的观念里，国防教育并不是教育的一个特殊组成部分，而是教育的全部。教育就是最实在、最有效的国防教育，受过良好教育的公民是国家安全最重要的基础和保障。循此逻辑，国防教育或者说教育被美国提到了事关国家安危的战略高度，写入法律并成为社会的重要共识。这是美国国防教育得以深入开展的文化传统和社会基础的体现，也是美国国防教育的鲜明特色之一，因而也被视为美国国防教育成功的重要秘诀。正如相关学者所指出的，对于美国国防教育，“一个极为突出的且很有必要学习的就是：要吸取美国将教育视为国防第一道防线的大国防理念，以此做好我们的教育和国防

① *National Defense Education and Innovation Initiative*: *Meeting America's Economic and Security Challenges in the 21st Century* [EB/OL]. http://www.aau.edu/reports/NDEII.pdf.

② Joel I. Klein, Condoleezza Rice, Julia Levy, 2012. *U.S. Education Reform and National Security*, http://www.cfr.org/united-states/us-education-reform-national-security/, p. 27618.

工作。”①

二、特色项目制：美国国防教育独特的实施机制

美国不仅对国防教育有着独特理解，并且也将其真正贯彻到国防教育的实践当中，形成了与之相匹配的特色项目实施机制。下文从国防教育项目的覆盖面、对象、体系、活动及课程以及法律保障和资助等方面，结合美国三个有代表性的中小学国防教育项目，具体透视美国国防教育的独特实施机制。这三个项目分别是国防部母星计划（The DoD STARBASE Program，DoD STARBASE）、青少年后备军官训练团（The Junior Reserve Officers' Training Corps，JROTC）和国民警卫队青年挑战计划（The National Guard Youth Challenge Program，NGYCP）。

第一是项目覆盖面广，参与人数众多。作为国防教育的重要载体和形式，美国力求扩大各项目的覆盖面和影响力，以使尽可能多的国民接受国防教育。如母星计划，截至 2011 年，该项目已覆盖了美国 40 个州，共建立项目基地 76 个，每年可招收学员 7.5 万人。自 1993 年项目试点以来，将近 400 个学区的 1000 多所学校参与项目，毕业学员总计近 70 万人。青少年后备军官训练团则涵盖了全美高中的 10%（约 3300 所），每年参与的中学生超过 50 万人。根据美国 2009 年《国防授权法案》，2020 年前，全美 JROTC 将增加到 3700 个。此外，国民警卫队青年挑战计划在美国 27 个州以及波多黎各共创建了 33 个项目培训基地。此外，有五个州正在进行项目的筹备工作。自 1993 年项目运作以来，该项目已毕业学员将近 10 万人。

第二是项目对象具有明确指向，并形成了针对不同对象的完整国防教育项目体系。美国的国防教育项目根据不同对象的特点进行设计，项目丰富多样并层次分明。如母星计划，其设计初衷是面向所有 K－12 阶段的中小学生，但在实践中主要面向小学五年级学生。青少年后备军官训练团则主要面向美国 14 岁以上的高中生。国民警卫队青年挑战计划本意是为辍学

① 胡光喜、陆华：《中美两国〈国防教育法〉比较》，《比较教育研究》，2007 年第 4 期。

者提供再次接受教育的机会，并提高美国人口的高中毕业率。因此，该项目专门面向16—18岁的辍学高中生。从这三个项目的对象细分也可以看到，美国国防教育项目体系是有层次的，覆盖了不同的年龄段及不同境况的人群。实际上，在青少年国防教育方面，美国形成了较为完整的项目系列。例如针对小学生，主要是母星计划；针对初中及中专学生，主要有市民防空协会（Civil Air Patrol）、美国陆军青年团（U. S. Army Cadet Corps）、青年海军陆战队（Young Marines）以及海军青年团（Naval Sea Cadet）；针对高中生除了青少年后备训练团和国民警卫队青年挑战计划之外，还有一个性质和青年挑战计划相近的项目，也是专门面向辍学高中生的雷鸟青年计划（Thunderbird Youth Academy&Regimented Training Program）；在大学层次，主要的国防教育项目则是我们较为熟悉的后备军官训练团（JROTC）。

第三是项目活动和课程重视与学校课堂的衔接和整合，重视学员德智体综合素质的发展。这是美国独特国防教育理念的具体体现，是美国视教育即国防的最真实写照。如母星计划通过让中小学生走进军营，并通过基地教官对军事设施、武器装备原理及操作的讲解，向学生演示课堂所学知识的实际应用，以增强中小学生对STEM（科学、技术、工程、数学）学习的兴趣和动手能力，从而为美国国防奠定高质量的人力资源基础。因此，其课程除了军队历史传统及礼仪介绍之外，更多的是针对学员STEM兴趣和能力提高的内容。一般来说，项目会对学员进行20—25小时的培训，内容包括物理、化学、技术、工程、数学以及STEM的军事应用等几个方面。课程内容和材料的选择，严格遵循美国国家教育标准和教学大纲，以实现和学员学校课程的良好衔接。青少年后备军官训练团的宗旨是培养中学生的公民和国家意识，以及个人责任及成就感。为此，项目设置了综合性的内容和课程，以促进中学生德、智、体素质的全面发展。据美国陆军JROTC学员参考手册，其项目包括五大方面的内容：一是对JROTC及美国国旗、国歌、军事历史传统、军事纪律以及美国国防力量构成的介绍；二是提升领导力的理论与应用课程；三是个人成功要素的教育，包括认识自我，教学技能提升、服务社会、人生规划以及社会责任等课程；四是身体健康、锻炼和急救课程；五是公民教育和美国历史教育。① 青年挑战计划从开始到结束长达 17 个半月，包括两个阶段，分别是 22 周的寄宿阶段和 12 个月的后寄宿阶段。前者采取的是准军事化管理模式，学员一般在国民警卫队基地集中生活和学习，其核心活动和课程包括八个方面的内容，分别是：高中课程学习、体育锻炼、求职培训、社区服务、健康和保健、公民教育、领导能力/服从意识、生活技能（包括情绪管理、理财能力、演讲沟通技巧等）。后者则主要由学员导师负责指引和管理，以督促学员践行其寄宿阶段制定的自我规划。项目的最终目的是使学员的学习、自我管制、自我规划等方面能力得到强化与发展，真正成为社会的有用之才。

最后是项目严密完善的法律保障及强有力的资助，这为美国国防教育项目的开展提供了重要外部支撑。在法律保障方面，美国对国防教育项目做出了详尽严密的法律规定，例如，1916 年的《美国国防法》、1964 年的《后备军官训练团复兴法》《美国法典》第 10 篇 2031 条以及 2007 年的《美国国防授权法案》分别对青少年后备军官训练团的设立、具体运作、项目标准以及项目内容等方面做了明确的法律说明，以保障并指导项目的运作。母星计划及青年挑战计划的相关法律事项则分别由《美国法典》第 10 篇 2193 条第二款、第 32 篇 509 条予以规定。在国防教育项目经费方面，主要来自美国联邦政府和州政府的拨款。一般来说，经费大部分由美国联邦政府提供，州政府有时也予以资助。如母星计划、青少年后备军官训练团主要由美国国防部负责资助，而青年挑战计划的经费则 75% 由联邦政府承担、25% 由州政府负责。美国联邦政府及州政府对国防教育项目的资助力度相当大。2011 年，母星计划以及青年挑战计划的年度支出分别达到 1800 多万美元和 1.5 亿美元。JROTC 的年度预算在 2009 年则已经将近 3.3 亿美元。由以上列举的众多法律条文以及一系列数字可以看到，美国的国防教育之所以丰富多样，富有活力，是与美国联邦政府和州政府真正

① 《美国陆军青少年后备军官训练团学员参考手册（第二版）》，http：//rdh. leeschools. net/2010%20design/Website/CLUBS/JROTC/Adobe%20Documents/cadet_ reference. pdf。

重视国防教育的开展，并将之落实为具体完善的法律保障和切实的资金投入密不可分的。这是美国国防教育项目持续运作的前提和基础。

上述内容提供了美国国防教育项目的内部设计及外部保障的基本情况。从其内部设计来看，其项目实施机制具有覆盖广、规模大、对象明确，并且体系完整、活动及课程与学校教育互补性强，综合性突出等特点。就外部保障而言，一方面，每个国防教育项目都有明确的法律界定和说明，受法律保护；另一方面，中央和地方切实履行国家作为国防教育主体的职责，为项目开展提供充足的经费和资助。内部设计的科学精巧，再加上有效的外部保障，构成了美国独特的项目制国防教育实施机制，从而也为美国开展国防教育并取得成效奠定了重要的制度和组织基础。

三、育人与国防：美国国防教育的双重功效

美国的独特国防教育理念及实施机制是美国国防教育成功之原因所在。那么，这种理念及机制具体成效如何？美国国防教育是否成功？下面将以前文所介绍的三个代表性项目为例，对其做深入考察。

首先是项目的国防效应。通过参与国防教育项目，青少年增进了对军队、军营等国防事务的了解和亲近感，同时其服役意愿也有所增强，更有可能进入军队为国效力。例如，据《母星计划 2011 年年度报告》，参与该项目的小学生对于军队及军人的态度有积极改变。研究者在对学员参与项目前后的态度调查中发现，在态度转变最为明显的 10 个项目中，有 3 个项目与军队相关。其中，“军事基地是个有趣的地方”得分最高，“军队是个工作的好地方”以及“军人能胜任各种工作”则分列第四位和第七位。① 这表明，学员对军队的观感明显较参与项目前有所改观。学员对军队观感的改善并不一定意味着他最终会选择进入军队服役，但小学生心灵中留下的军营美好记忆，无疑会使他更关心国防事务，甚至会增加其将来服役的

① 2011 STARBASE ANNUALREPORT, http://www.dodstarbase.org/sites/default/files/Reports/2011 - STARBASE - Annual - Report_ 0.pdf, p. 73.

可能性。从这个意义来说，母星计划的国防效应得以凸显。

与母星计划相比，青少年后备军官训练团的国防效应更加明显和具体。据美国海军研究生院的埃尔达・佩马（Elda Pema）和史蒂芬・梅海（Stephen Mehay）对该项目的专门研究，该项目能有效增强学员的服役意愿。参与JROTC两年以上的高中生，其入伍意愿是其他高中生的两倍，而且高中生参与该项目年限越久，其入伍意愿就更趋明显和强烈。① 这也就是说，JROTC的学员会更倾向于选择进入军队为国效力。事实上，一直以来，该项目的确为美国国防事业输送了大量人才。2000年2月，在美国众议院军事委员会举行的听证会上，美国三军诸兵种负责人指出，JROTC的学员毕业之后，有30%—50%最后都选择了服役，献身美国的国防事业。② 正因为其突出的国防效应，美国前国防部长科恩曾称之为美国最好的募兵项目之一。此外，青年挑战计划的国防效应同样也值得关注的。据美国著名人力资源开发和研究公司（MDRC）2010年发布的评估报告，该项目的学员入伍比例接近于非学员的两倍（10.9%:6.2%）。③ 这表明，该项目的国防收益也相当突出。

其次是项目育人方面的效应。通过项目丰富多样的活动与课程，青少年的学业得到改善，品德、心智、身体素质等方面也有所发展。先来看母星计划的表现。前文提到，该项目的宗旨是通过激发和提升美国青少年在科学、技术、工程以及数学（STEM）等领域的兴趣和能力，以构建美国国防部的现代国防高素质人力资源库。从实践来看，该项目的确有效激发了中小学生STEM领域的学习兴趣，并使其学业成绩得到提高。研究显示，母星计划学员参与项目后，增强了对数学和科学的兴趣，并且更好地掌握

---

① Elda Pema, Stephen Mehay. 2009. *The Effect of High School JROTC on Student Achievement, Educational Attainment, and Military Enlistment*, https://www.msu.edu/~pemaelda/Pema%20Mehay%20-%20JROTC.pdf.

② H. R. 4205 - Hearings on National Defense Authorization Act for Fiscal Year 2001 before the Committee on Armed Services, House of Representatives, February 10, 2000.

③ Megan Millenky, Dan Bloom, and Colleen Dillon, 2010. Making the Transition: Interim Results of the National Guard Youth Challee Evaluation, http://www.mdrc.org/publications/557/execsum.pdf, p. 20.

了数学和科学方面的相关内容。① 事实上，据项目 2011 年度报告，母星计划的确有助于学员更好地掌握包括化学、物理、数学操作和应用、技术和工程等 STEM 领域的核心内容。在项目结束进行的化学测验中，学员平均得分 8.53 分（满分 13 分），较参与项目前的 5.36 分提高 3.17 分；物理测验平均得分 3.90 分（满分 6 分），较参与项目前的 2.59 分提高 1.31 分；数学测验平均得分 4.90 分（满分 8 分），较参与项目前的 4.14 分提高 0.76 分；工程测验平均得分 2.46 分（满分 4 分），较参与项目前的 2.02 分提高 0.44 分；工程测验平均得分 1.42 分（满分 2 分），较参与项目前的 1.20 分提高 0.2 分。②

再来看青少年后备军官训练团项目的育人效果。相关研究显示，JROTC 学员的学校表现要明显优于美国学生的平均水平（见表 1）。③

表 1　美国陆军青少年后备军官训练团学员与全体学生表现

学生表现	陆军 JROTC	全体学生
出勤率	93%	90%
毕业率	98%	89%
违纪行为	5%	15%
辍学率	<1%	3%
平均绩点学分	2.9	2.7

表 1 是美国陆军青少年后备军官训练团学员（Army JROTC Cadets）与美国全体学生学习表现的比较。可以看到，学员的上课出勤率（Attendance）为 93%、毕业率（Graduation Rate）为 98%、平均学分绩点（Grade

① 2011 STARBASE ANNUALREPORT, http: //www.dodstarbase.org/sites/default/files/Reports/2011 – STARBASE – Annual – Report_ 0.pdf, p. 73.

② 2011 STARBASE ANNUAL REPORT, http: //www.dodstarbase.org/sites/default/files/Reports/2011 – STARBASE – Annual – Report_ 0.pdf, p. 63.

③ CommonGround: Education& the Military Meeting the Needs of Students, https: //www.usarmyjrotc.com/jrotcRes/downloads/8 _ Library/DTICReports/ArmyStudyGroupreport – CommonGround.pdf, p. 26.

Point Average）为 2.9，分别高于全国平均水平的 90%、89%、2.7。与此同时，学员更加遵守学校纪律，并且辍学率较低。从表 1 还可以看到，学员违纪行为（Indiscipline Action）的比例为 5%，而全国平均水平为 15%，而学员的辍学率（Dropout Rate）小于 1%，远低于全国平均水平的 3%。这表明，JROTC 对于学员良好品德的养成、学业表现的提升是有积极功用的。这也得到了美国社会的认可。学校的校长和老师都表示，JROTC 为学校营造了良好的氛围，对老师、学生家长以及其他学生都有积极影响。同时，JROTC 学员为所在社区所提供的社区服务也颇受赞赏。① 这都进一步彰显了 JROTC 促进学生素质全面发展的育人功用。

最后来看青年挑战计划的育人效应。该项目部分采用了准军事化的教育和管理方式，一般认为，这会有助于辍学者行为和观念的积极改变，并能有效改善辍学者的学习状况。事实上，这也为美国人力资源开发和研究公司（MDRC）对该项目学员的长期跟踪调查结果所证实。MDRC 曾于 2009 年发布了对该项目的初步评估结果。该评估报告指出，青年挑战计划至少在四个方面获得显著成效。第一，学员的学习成绩有显著提高。统计结果表明，在 22 周的封闭式训练后，学员的语言测验平均分提高了 1.5 分，数学测验平均分则提高了 2.2 分。第二，学员比非学员更有可能获得高中毕业证书或同等学力。前者的比例达到了 46%，而后者仅有 10%。第三，学员更倾向于重新回到高中，或者进入大专院校继续学业，再者就是参加工作。研究结果显示，有 11% 的学员在修读大学课程，而非学员修课的比例只有 3%。此外，学员 30% 参加了全职工作，而非学员参加全职工作的比例仅有 21%。第四，学员身体素质和身体健康要优于学员，自我约束能力更强，违法犯罪行为更少。② 这表明，青年挑战计划不但有效增强了辍学者的学习兴趣和能力，而且能够增强辍学者的自我管理和管控能

① CommonGround：Education& the Military Meeting the Needs of Students，https：//www.usarmyjrotc.com/jrotcRes/downloads/8 _ Library/DTICReports/ArmyStudyGroupreport – Common-Ground.pdf，p. 25.

② Hugh B. Price，2010. Utilizing MILITARY EDUCATION and Training Methods to Help Struggling Students and Schools . The State Education Standard，no. 1（March 2010）：pp. 9 – 13，p. 60.

力，使“问题”学生的学习和品行都得到提升，综合素质得到改善。这为辍学者重回学校和社会正轨提供了机会和基础，实现了国防教育项目育人功用的最大化。

因此，基于独特的国防教育理念，美国设置了综合性极强的国防教育项目课程和内容，形成了以项目制为核心的独特的国防教育实施机制。通过参与项目，青少年不仅爱国情感、公民意识、国防意识有所增强，同时其品德、知识技能以及身体等方面素质都得到了提升。美国的国防教育项目在国防和育人方面都产生了积极效应。这也表明，美国的独特国防教育理念及其综合项目制实施机制取得了实际成效。美国的国防教育是成功的。

四、启示与借鉴

本文对美国独特的国防教育理念进行了审视，并结合其代表性的三个国防教育项目，对其国防教育实施机制及成效做了具体考查。美国国防教育的成功与其独特的国防教育理念及实施机制密不可分。我国的国防教育改革发展，至少可以从中获得以下两点启示：

第一，在观念上，我国国防教育的理念和观念有待进一步拓宽和更新。长期以来，我国的国防教育作为一种特殊的教育活动，是爱国主义教育的重要载体和形式。从而，国防教育很大程度上也被归结为思想品德教育范畴。现实中，在应试教育的大背景下，学校思想品德教育弱化是客观存在的事实，国防教育作为其中一部分更是受到冷遇。这严重制约了我国国防教育的开展和成效。因此，有必要学习和借鉴美国独特的国防教育理念，将教育真正置于国家安全的重大战略地位，真正将高素质人才的培养视为国家安全的首要和中心议题。这就要求从国家安全的角度重新审视并真正落实教育的优先发展，从而使教育真正成为国家安全的柱石。国防教育不只是单纯的军事技能训练和军事理论知识传授的狭义国防教育，而应该是与个人发展、国家安全紧密联系的广义国防教育。我国国防教育不仅要在“国防教育化”的传统狭义国防教育方面有所作为，更要拓展国防教育的内涵和外延，形成“教育国防化”的大国防教育观，以真正夯实国家安全基础。

第二，在实施机制上，要大力加强国防教育的法律保障和资金投入，并增强国防教育开展的针对性和有效性。在法律保障方面，要进一步加强国防教育的立法和执法工作，进一步完善和落实国防教育相关法规，夯实国防教育开展的法律基础。在资金投入方面，要进一步明确中央政府在资助国防教育中的主体地位，国家要切实加大国防教育的资金投入力度。同时，也应采取诸如政策倾斜、税收优惠等措施调动地方政府资助国防教育的积极性。除此之外，我国国防教育的具体设计要进一步增强针对性及有效性。要综合考虑不同国防教育对象的年龄、心理、思想、身体以及学习等具体情况，发展和创新国防教育的途径和形式，以形成层次分明、上下衔接、覆盖全面的国防教育体系。要将国防教育，尤其是学校国防教育的开展与学生的课程学习紧密结合起来，增强学校国防教育内容的综合性和实用性，从而使国防教育真正发挥改善学生学业表现、促进学生素质全面发展的育人效应。国防教育的综合育人功能一旦得到充分释放，势必会有效激发国家政府、教育管理部门、各级各类学校以及个体积极投身国防教育的热情，从而真正为我国国防教育的开展灌注强大的动力，使我国国防教育取得更大成效。

对深化普通高校学生军事训练改革的再思考

——兼论对国办发［2017］76号文件精神的落实

蔺玄晋　尹建平*

摘　要：《国务院办公厅 中央军委办公厅关于深化学生军事训练改革的意见》（国办发［2017］76号）文件出台后，如何落实文件精神，深化普通高等学校学生军事训练改革，推动高校学生军训由数量规模向质量内涵发展，成为各高校和国防教育学术界关注的焦点。本文总结我国开展学生军训30年来的经验教训，从高校学生军训的本质属性、主要目的、内容形式以及纵深发展等五个方面进行了进一步的深入思考。结合作者自身的工作实践和在起草《山西省深化学生军训改革实施办法》期间的调研情况，提出了高校学生军训应回归教育属性、遵循教育规律；澄清了学生军训与国防教育的主要区别，明确了学生军训的主要目的是为军队培养高素

---

* 作者简介：蔺玄晋（1979年—），男，山西大同人，中北大学讲师，博士，主要从事国防教育学生军训方面的研究；尹建平（1975年—），男，山西阳泉人，中北大学教授，博士，主要从事学生教育管理和军事理论教学研究。

基金项目：2014年度教育部哲学社会科学研究重大课题攻关项目“新时期学校国防教育和学生军事训练工作体系建设研究”（14JZD052）；2017年中北大学思想政治教育研究课题“中北大学国防育人理论与实践研究”。

质后备兵员；对学生军事理论和军事技能训练的内容进行了调整充实完善；根据当前学生军训形式存在的承训官兵严重不足、教学训练效果不佳的突出矛盾，提出按照“体育课”形式课程化开展军训的新模式；最后针对发挥学生军训综合育人功能的实际，提出建立“校内学生军训 + 军事训练营基地集训 + 预备役部队实践锻炼”三位一体的军训育人格局的思路，并对开展研究生层次的军事教育进行了有益的探索。可为各部门和高校深化学生军训改革提供有益的参考。

关键词： 高校；军训；改革；思考

在普通高等学校学生中开展军事训练（以下简称高校学生军训）是《中华人民共和国兵役法》《国防教育法》的根本要求。我国高校学生军训从 1985 年试点开始至今，已走过了 30 多年的历程。粗略可以分为三个阶段：从 1985 年到 2000 年为学生军训试点阶段；从 2001 年国务院、中央军委转发《教育部 总参谋部 总政治部关于在普通高等学校和高级中学开展学生军事训练工作的意见》（国办发［2001］48 号）文件（以下简称“48 号文件”）出台到 2016 年，为学生军训全面普及阶段；2017 年《国务院办公厅 中央军委办公厅关于深化学生军事训练改革的意见》（国办发［2017］76 号）文件（以下简称“76 号文件”）出台后，应该是高校学生军训由数量规模向质量内涵发展的新阶段。“76 号文件”是国务院、中央军委总结思考 30 年学生军训经验教训，深化学生军训改革的纲领性文件。为确保文件精神的落实，各省都在结合本省实际制定专门的学生军训改革实施办法。笔者有幸全程参加了《山西省深化学生军训改革实施办法》（晋政办发［2018］46 号）的起草工作，在起草过程中，为找准当前学生军训中存在的突出问题，贯彻落实用好“76 号文件”精神，起草组先对数十所省内学校和西安交大、北京理工大学等多所省外高校进行了调研，与校领导、人事处、教务处、军事教师、教育专家、学生代表以及帮训部队等不同层次的人员进行了座谈交流。在这一过程中，笔者对深化高校学生军训改革有了更进一步的思考，随后又查阅大量文献，参考了国外的高校学生军训做法，基本理清了思路，对深化高校学生军训改革有了一些成熟的想法，希望通过本文与国内从事高校学生军训的同行分享，并为推动高校学生军训内涵发展提供有益参考。

一、对高校学生军训本质属性的再思考

高校学生军训的本质属性是什么？是一项行政工作？是一项定期举办的实践活动？还是属于教育活动？这是需要澄清的首要问题。

（一）教育属性的回归

高校学生军训的本质属性是教育。军训属于教育活动，具备教育活动的特征和基本要素。学生军训工作和高校其他教育活动一样，由教育者、教育对象、教育目的、教育条件和教育内容组成。学生军训的组织者是高校，教育对象是在校学生，教育目的、内容和条件，均在《普通高等学校军事课教学大纲》中做出了明确规定。学生军训不是孤立的、简单的教育行为，而是国家教育活动的组成部分，是国家人才培养战略不可缺少的环节。学生军训通过国家立法提供法律保证。在《教育法》《兵役法》和《国防教育法》等法律中，都对学生军训做出了明确规定。“48 号文件”还明确规定军训是在校学生的必修课，学生完成规定的教学时间，掌握规定的教育内容，经考核成绩合格，可以获得 2—3 个学分。学生未经批准，无故不参加军训，或参加军训考试不合格者，作为退处理。因此，高校学生军训的教育属性是明显的，也是贯穿军训始终的。但在调研中发现，甚至一些重点院校的校领导也认为军训只是一个阶段性的任务，安全完成就行。因此，可以考虑将高校学生军训的名称改为学生军事教育，这样在名称上就与高校思想政治教育、国家安全教育等相一致，更有利于对学生军训教育属性的认知。

（二）遵循教育规律

学生军训是教育活动，应该遵循教育教学规律。“76 号文件”第二条明确指出“遵循教育教学规律和学生成长规律”。教育教学规律具有客观

性、必然性、普遍性和稳定性，教育教学规律决定着各类教学的活动过程，学生军训也不例外。

首先要有专门的教学机构。学生军训试点初期，国家明确要求要建立学生军训教育教学机构——军事教研室。但随着近年来高校机构的调整，很多高校把军事教研室合并到武装部、保卫处、学生处等部门，而这些部门都属于学校的行政部门，而不是教学单位，使得军事教研室“有名无实”，使其在高校学生军训中难以发挥自身职能。[①]“76 号文件”第十七条明确规定“学校应明确学生军训教学科研工作的机构，配齐配强工作人员，提升教学科研质量”，设立专门的军训教学科研机构，这是深化高校学生军训必须要保证的。

其次要建立稳定的军事教师队伍。教师是教育教学活动的主体，是确保教育教学质量的核心。调查显示，全国本科院校专职军事教师为 1598 人（其中还有不少是不承担教学任务的工作人员），兼职军事教师 4401 人[②]，兼职教师是专职教师的 3 倍，这是高校任何一门必修课都不存在的现象。兼职教师多而专职教师少，这是导致军事课教学质量不高、学术科研能力弱，制约学生军训创新发展的根本原因。“76 号文件”第七条、第十条，对高校军事教师的配备和教学科研能力的提高都做了规定。教育部门和各高校应当把解决军事教师队伍放在深化学生军训改革的核心位置。

再次要完善教学监督机制。目前，高校学生军训只有教育部颁发的《普通高等学校军事课教学大纲》，还缺少课程建设标准和完善的监督检查机制。2015 年山西省组织高校学生军训评估检查发现，由于没有课程标准，无法进行科学评价。“76 号文件”第四部分十四、十五、十六三条专门就建立健全学生军训评级机制做出了阐述，相比“48 号文件”有极大的进步，对于深化高校学生军训改革意义重大。各高校也应该遵循教学规

---

① 尹建强：《普通高校军事教育的现状与对策》，《平顶山师专学报》，2004 年第 6 期，第 100 页。

② 该数据是中央财经大学陈波教授带领的教育部哲学社会科学重大专项课题“新时期学校国防教育和学生军事训练工作体系建设研究”课题组调查结果，来自于陈波教授在解读“76 号文件”培训会上的发言。

律，通过学生测评、教师互评和专家评议等形式加强对军事课教学的监督检查。

二、对高校学生军训目的的再思考

目的是开展各项工作的前提。目的不明，定位不清，各项工作的开展就会失去方向和标准。高校学生军训的主要目的到底是什么？明晰这个问题是各高校开展学生军训的首要前提。查阅关于高校学生军训目的的相关文章，基本上都认为学生军训是增强大学生国防观念的重要途径，是实施素质教育的重要环节，是高校育人的重要途径。在调研中，一谈到军训的目的，大家都认为主要是增强学生的国防观念、组织纪律性、培养吃苦精神、团队意识、服从意识等。这些虽然也是学生军训的应有之义，但却不是主要目的。

（一）高校学生军训与国防教育的区别

尽管高校学生军训与国防教育在法律依据和政治属性上是一致的，但是两者在主要目的、教育对象、教学内容、教学时间与方式等方面都存在明显的区别。不能把学生军事训练与学校国防教育理解为相互替代关系或包含与被包含的关系。[①] 正确认识学生军训与国防教育的区别，对于深化高校学生军训改革非常必要。

首先，高校学生军训与国防教育的对象不同。高校学生军训是对学校本、专科学生实施的军事理论教育与军事技能训练。而国防教育对象范围更广，包括学校领导、教职员工、各类学生等。其次，高校学生军训与国防教育在教学内容上是不同的。高校学生军训在教学与训练内容上，体现了直接为青年学生服兵役奠定基础的意志指向。而国防教育是对在校所有人员的普及教育，其内容具有常识性。内容的不同，决定了目标的差异。高校学生军训的具体目标是，加强后备力量建设，培养高素质兵员。而国

---

① 全军学生军训工作办公室：《学生军事训练概论》，解放军出版社，2007 年版。

防教育以提高广大青年学生思想认识和国防观念为出发点和最终归宿。因此，用国防教育的概念取代学生军训的概念是不正确的，值得高校学生军事教育者思考。

（二）高校学生军训的主要目的应该是为军队培养高素质后备兵员

2001年出台的“48号文件”关于学生军训工作的目的明确规定：“通过组织学生军训……使学生掌握基本军事知识和技能，为中国人民解放军培养后备兵员和预备役军官、为国家培养社会主义事业的建设者和接班人打好基础。”2017年出台的“76号文件”开篇即指出：“加强学生军训……是实现立德树人根本任务、培养高素质后备兵员和提高教育质量的重要途径……充分发挥学生军训综合育人功能，为国家人才培养战略实施和国防后备力量建设做出重要贡献。”由此可见，高校学生军训的主要目的是服务国防后备力量建设，为军队建设储备合格后备兵员和培养预备役军官。军训不仅要提高受训对象的思想认识，更重要的是要使受训对象真正掌握国防后备人才必须具备的知识和能力，具备一定的综合军事素质，进而可以作为参战和直接支援作战的武装力量组织和人员储备。[①]

那么，军训的这个主要目的是不是已经实现了呢？姜春英2016年关于大学生军训收获的问卷调查显示：认为养成良好作息习惯的占92.5%；锻炼吃苦耐劳精神的占87.2%；培养组织纪律性和团结精神的占84.7%；强健体魄的占63.4%；激发爱国热情、培养爱军习武精神的占32.2%；提高国防观念的占30.6%；激发参军愿望的只占17.9%。[②] 由以上的调查结果可以看出，认为通过学生军训提高了国防意识、培养爱军习武精神、激发参军入伍意愿的比例是如此之低。此外，在当前我军建设世界一流军队，国家鼓励大学生参军报国的大背景下，大学生参军入伍状况又如何呢？

① 陈凯、陈波、许鹏主编：《中外学校国防教育和学生军事训练工作比较研究》，时事出版社，2018年版。

② 姜春英：《强军梦统领下的大学生军训改革路径探索》，《国防》，2016年第7期，第53页。

“以贵州省为例，近三年来，每年大学生预征对象流失比例超过30%。而入伍大学生中二本以上均未超过5%。”① “2014 年某地组织对高校毕业生的调查，选择毕业参军入伍的大学生仅有4.8%，尽管国家出台很多优惠政策，但入伍新兵比例仍然达不到40%，且‘含金量’低，多为大专、高职生。”② 笔者所在学校2015 年参军报名人数为498 人，2016 年为385 人，2017 年为281 人，今年到目前为止报名人数只有87 人，预计不会超过200人。中部战区某师的调研数据显示，2017 年该师2668 名上等兵中：大专生580 人，留下继续服役88 人，约占15.17%；本科393 人，留下继续服役27 人，约占6.8%。此数据说明大学生没有在部队长期奉献的思想准备。

诚然，大学生征兵难现象受多种因素的制约。但确实存在高校学生军训功能的缺位、主要目的不清等问题。从以上的数据可以看出，通过高校学生军训为军队培养高素质后备兵员的主要任务并没有很好的完成，这不能不引起相关部门和高校军事教育者的深度思考。

三、对高校学生军训内容的再思考

高校学生军训的主要目的确定之后，就可以根据目标确定学生军训内容。20 世纪50 年代，国务院有关部门颁布了《中华人民共和国高等学校学生军事训练计划大纲》，规定高等学校学生军事训练的目的是培养预备役军官，还强调不同专业院校培养不同军兵种的预备役军官，根据不同军兵种预备役军官条件，规定相应的训练内容。20 世纪60 年代，根据国家安全形势需要，党中央提出大办民兵师的号召，高校学生军训的目标是探索把学生培训成合格民兵，军训的内容包括队列、单兵战术、射击第二练习、步兵班进攻与防御、军事常识教育等。20 世纪80 年代以后，学生军

① 徐幕宏：《对新形势下大学生征兵工作的调查与思考》，《国防》，2017 年第6 期，第77 页。

② 何卫东：《适应国家安全发展大战略 构建全民国防教育大格局》，《中国领导科学》，2017 年第7 期，第17 页。

训的目的变为训练储备合格后备兵员、为培养预备役军官打下基础，军训内容也相应进行了多次调整。① 美国高校军事训练的课程与训练内容是按照培养目标和美军的实际需要制定的，并且随着军事科学的发展而不断调整，军事训练与军事体育的项目、实施办法、器械都与军队实际训练情况一致（见表1）。② 在当前深化国防和军队改革，大量吸收高校大学生参军入伍，建设世界一流军队的大背景下，我国高校学生军训内容应该按照培养目标要求，结合军队需要和未来战争发展，全面贯彻落实“76号文件”精神，对军事理论和军事技能训练内容进行科学合理的调整。

表1　美国高校学生军训（ROTC）初级课程设置

课程类别	开课年级	课程与训练内容
初级课程	一年级	军人基本知识，队列和仪仗，军队的风格与传统，体能训练
	二年级	军事历史，单兵技能，班排战术知识，急救，战争的原则，体能训练，夏季初级野营训练

（一）军事理论教学内容

2007年出台的《普通高等学校军事课教学大纲》规定的军事理论教学内容共有5个专题18个小节，当前，已不能完全适应培养目标和军队建设发展的要求。“76号文件”关于改进军事理论教学部分明确指出：“充实新军事理论、新装备介绍、国家安全、领土主权和海洋权益热点问题分析等内容，大力宣传实现“中国梦”“强军梦”的目标要求，弘扬人民军队的英烈精神、光荣传统和优良作风，增强学生的英雄情怀、社会责任感和国防观念。”③ 从学生军训的主要目的考虑，通过军事理论教学一是要培养

① 全军学生军训工作办公室：《学生军事训练概论》，解放军出版社，2007年版。

② 蔺玄晋：《中国特色国防生培养体系研究》，兵器工业出版社，2014年版。

③ 《国务院办公厅、中央军委办公厅关于深化学生军事训练改革的意见》（国办发［2017］76号）第五、六条。

学生对军队的热爱、对军人价值的认同、正确的战争观和对国家民族的责任感。1909 年，牛津大学设立战争史讲席教授，首任教授斯宾塞·维金森在就职演讲中指出，既然牛津大学的学生是未来的治国人才，那就有必要让他们了解和掌握军事战略，要实现这一目标，只有一个途径，就是开展对军事史，尤其是近现代军事史和战争史的教学。① 因此，在军事理论教学中应考虑增加人民军队光辉历史的内容，通过军事历史教育反击历史虚无主义，培育正确的军人价值观。二是增加中国现代武装力量建设内容，特别是党的十八大以来国防和军队建设的成就，介绍我军的先进武器装备，如航母、歼－20、运－20、055 舰等，讲解我军执行的绕岛巡航、亚丁湾护航、也门撤侨、中外联演、联合国维和等多样化任务，增强学生的民族自豪感，培养学生对军队的热爱。三是增加世界军事形势内容，介绍美、俄、印、日等国军力发展情况，讲解新军事革命理论，如“空海一体战”“网络中心战”“混合战争”等，增强学生的危机感和责任意识。四是在军事高技术部分应强调战例教学，将近年来发生的阿富汗战争、伊拉克战争、叙利亚战争等内容与军事科技发展结合起来，让学生明白军事科技进步与战争形态演变之间的关系，“科学技术改变战争形态的基本逻辑是：科技的创新导致新的武器装备出现，新装备的出现又促进了新的战略战术的产生，并带动体制编制的变革以及军队人员素质的提高，使得战争形态演变不可避免。”② 因此，只有赢得科技发展的主动权，才能赢得未来战争的胜利，以此增强学生对科技创新的认知，培养学生掌握科技知识、投身科技创新的使命感。五是在信息化战争部分，应着眼我军改革发展和未来信息化战争特点，增加“一体化联合作战”知识，培养学生的联合概念和意识，为军队储备联合作战人才。

根据高校学生军训的主要目的、国防和军队改革的需要以及国外学生军训的经验，按照“76 号文件”精神，综合考虑，军事理论教学应涵盖以下内容（见表 2）。

---

① ［美］斯蒂文·L. 瑞尔登：《谁掌控美国的战争》，世界知识出版社，2015 年版。

② 蔺玄晋：《军事科技进步与战争形态的演变》，兵器工业出版社，2017 年版。

表 2　高校军事理论教学内容设置构想

课程名称	课程内容	备注
军事理论	中国国防；人民军队发展史；中国现代武装力量体系；世界军事形势（美、俄、印、日等国军事力量）、古代军事思想；近现代西方军事思想（战争论、海权论、空海一体战、网络中心战等）；马克思主义军事思想及其中国化（马克思主义军事思想、毛泽东军事思想、中国特色社会主义军事思想、习近平新时代强军思想）；周边安全环境（基本特征、面临挑战、我国的周边安全战略方针）；国际战略环境（战略环境概述、战略格局、构建人类命运共同体）；总体国家安全观；军事高技术（概述、军事高技术对战争的影响、军事高技术与新军事革命）；信息化战争（基本特征、信息化战争中的一体化联合作战、信息化战争的未来发展）	军事教师还可以通过开设公共选修课和定期举办军事沙龙等方式，增强军事理论教学效果

（二）军事技能训练内容

现行《普通高等学校军事课教学大纲》规定的军事技能训练内容包括条令条例教育与训练、轻武器射击、战术、军事地形学、综合训练等五个部分。然而长期以来，由于受师资力量、训练场地、训练器材等条件的限制，各高校军事技能训练是以条令条例训练为主，主要是站军姿、走队列、叠被子、打军体拳等内容。试点期间各学校都能组织射击训练，近年来，也考虑到安全因素基本不再组织，只是进行一下射击瞄准练习，而军事地形学、宿营、野外生存等训练内容更不可能完成。因此，应该根据军训的主要目的、军队需要和高校的实际情况，对军事技能训练内容进行合理调整。“76 号文件”关于强化军事技能训练部分明确指出：“加强战备基础、防护、战术基础动作、军事体育训练，推广轻武器射击等课目的模拟仿真训练……突出新兵入伍训练科目内容，实现普通高校学生军训内容与新兵训练内容的有效衔接。”① 这是符合学生军训主要目的和军队实际需要的。根据现行的《中国人民解放军新兵训练教材》的规定，新兵训练内容包括：军人常识、队列、自动步枪操作、手榴弹投掷、战术基础动作、简易通信、防护、卫生与救护、战备基础、心理行为训练、格斗基础、体能等十二个部分。②

考虑到高校学生军训时间为2—3周，同时要与高中阶段学生军训的内容和新兵训练内容进行有效衔接，此外也要看到在叙利亚战争中防空袭、防生化武器袭击的战例，可以将高校学生军事技能训练内容调整如下（见表3）。

表3　高校军事技能训练内容设置构想

课程名称	课程内容	备注
军事技能	（1）条令条例教育与训练（3个训练日） （2）轻武器操作（2个训练日，射击学理、射击动作练习、模拟射击） （3）战术与手榴弹投掷（2个训练日，战术原则、单兵基本战术、战斗运动、手榴弹性能及投掷方法） （4）防护与救护（2个训练日，防护基本知识、防护装备使用、对空袭的防护、对核生化的防护、救护常识） （5）军事体育（2个训练日，体能训练常识、3000米武装越野、组合练习、格斗基础、擒敌拳） （6）识图用图（1个训练日，地形对战斗的影响、地形图知识、定向越野） （7）战备基础（1个训练日，紧急集合、徒步行军、露营、野外生存常识） （8）反恐防暴（1个训练日，反恐基本知识，反恐行动样式）	在军事技能训练中也需要进行理论教学，要求军事教员要有很好的表达能力

① 《国务院办公厅、中央军委办公厅关于深化学生军事训练改革的意见》（国办发［2017］76号）第五、六条。

② 中国人民解放军总参谋部军训部：《中国人民解放军新兵训练教材》，解放军出版社，2015年版。

四、对高校学生军训形式的再思考

根据教学条件、教学对象和教学内容，选择适当的教学和训练方法，是落实高校学生军训大纲要求，提高军训质量效果，实现科学施训的必然要求。对于学生军训中的军事理论教学部分，“76 号文件”第 5 条明确要求：坚持课堂教学和教师面授在军事理论教学中的主渠道作用，重视信息技术、多媒体技术和慕课、微课、视频公开课等在线课程在教学中的应用和管理。同时长期的教学实践证明，要按照必修课的标准和教育规律，排入学生课表，小班授课，教学效果良好。这里所探讨的学生军训形式主要是军事技能训练的组织形式。

（一）当前学生军训形式存在的突出矛盾

目前，我国学生军训无论是基地训练还是校内训练，主要采取的是集中训练的方式。因为采取的是集中训练的形式，所以才产生了当前学生军训最大的矛盾——参训学生多而承训官兵严重不足。以 2017 年为例，普通本专科招生 761.5 万人，普通高中招生 800.1 万人。[①] 按每名教官承训 50 名学生计算，完成高校学生军训需要约 15 万名官兵，加上高中阶段军训任务，需要 30 万名左右的承训官兵，这是目前无法实现的。因为部队承训官兵严重不足，各高校为完成军训任务，开始自行探索军训形式。比较成熟的有南昌航空大学、南昌大学、赣南医学院等采取的高年级训练低年级的军训模式；有国防生的高校采取的国防生担任军训教官的军训模式，如中南大学、太原理工大学等；还有中北大学、西华大学等采取编组民兵预备役承担军训的模式，这些不同的军训模式为完成高校学生军训任务提供了基本的保证。但客观上讲，军训是教学行为，由于军训教官本身（包括部

---

① 《中华人民共和国 2017 年国民经济和社会发展统计公报》，http：//www.stats.gov.cn/tjsj/zxfb/201802/t20180228_ 1585631.html。

队帮训的士兵）军事素质不过硬、掌握的军事技能并不多、缺少教育学理论素养和教育实践经验，只能进行简单、重复的走队列、站军姿、军体拳等科目训练，甚至组织学生集体跳“小苹果”广场舞、排练“花样队列”等，使军训走向娱乐化，并且还屡次发生教官与学生冲突、恋爱等事件，大纲所规定的射击、战术、军事地形学、宿营、野外生存等科目更无法实施，军训质量只能低水平徘徊。

基地化训练形式，也同样存在诸多问题。一是基地的建设问题，每年1500万大中学生的军事训练，需要大量训练基地才能完成。二是高校军训经费保障问题，现在一所高校招生都在3000—5000人，多的高校有8000—10000人，前往基地训练的交通、伙食、住宿等费用数额巨大。如一所3000人的学校进驻基地训练，单是交通费就在几万到十几万，再加上食宿费、器材损耗费等，数额相当巨大。[①] 三是军训效果如何保持。基地不能经常去，学生在基地一次性训练十几天后，在大学四年中又该如何接受后续的军事教育呢?

（二）按照“体育课”形式开展军训的可行性分析

《普通高等学校军事课教学大纲》明确规定，军事课含军事理论教学和军事技能训练，也就确定了军事技能训练的课程性质。既然是一门公共必修课程，就可以考虑按照正常的教学规律，排入课表，分散实施军事技能教学，比如参考“体育课”形式。其实这种军训的形式既是国际惯例，在我国也有经验，同时也符合“76号文件”精神。

首先，考察美、英、俄等发达国家的学生军训，都没有采用校内集中训练的模式。如美国的后备军官训练团学制分为4年制和2年制，训练时间通常为每周3—4小时，外加一次为期6周的暑期基地集训；[②] 英国学生自愿参加军训，训练时间安排在周一、二的晚上，假期基地集中训练一两

---

① 梁良：《普通高校学生军训基地化的思考》，《国防》，2016年第5期，第49页。

② 陈凯、陈波、许鹏主编：《中外学校国防教育和学生军事训练工作比较研究》，时事出版社，2018年版。

周；俄罗斯第一级学生军训共60学时，在大学二年级一年内完成；韩国学生军训的时间为每周2—3小时。其次，我国在20世纪50年代开始高校军训试点之初，采取的也不是集中训练的方式，“高校学生军训时间的起止年限：五年制高等学校通常在第二至第四年完成，四年制高等学校通常在第一至第三学年完成，野营训练时间安排在军事训练最后一学年暑假进行，总学时数不超过200学时。”① 为保证高校军事训练质量，1956年国防部从各军区、军兵种和军事院校抽调了257名优秀的军事训练教育干部，经过集中培训后，分配到各高校担任学生军训教员。此外，“76号文件”第十一条指出“学校要根据教育教学规律、课程建设要求和承训任务需要，合理安排训练时段，常态化、分批次组织学生参加军事训练”，这也为课程化开展学生军训指明了方向。按照目前军事技能训练时间2—3周，实际训练时间不低于14天的规定，可以折合成120学时，每周三学时，40周即可完成，刚好在一年内完成军事技能训练任务。

参照“体育课”实施课程化的军训形式，还有两个需要解决的核心问题。一个是师资力量。军事课教师不单是指军事理论课教师，还应该包括军事技能教学的教师。军事技能训练的师资的解决方式主要包括：一部分由现有的军事理论教师经过专业培训后承担（军事教师是由转业军官和长期从事军事教育的高校教师组成，完成军事技能教育的能力不用担心），不足部分可以通过长期聘任具有硕士及其以上学位，军事素质好、教育教学水平高的退役军官、现役或预备役军官、文职干部等担任兼职教师，高校可以通过教学评价机制，给予兼职教师高级专业技术职务的相应待遇，同时定期组织军事教师到军队院校和一线部队进行培训学习，确保自身军事知识能力的更新。建立一支稳定的专业军事技能教育教师队伍，既保证了军事训练的效果，也为各类军队干部找到一条发挥专长的出路，避免了国家人才的浪费。二是训练器材的配备问题。为确保大纲规定的军训内容都能落实到位，军队需要发挥主体责任，为高校学生军训做好保障，应该由省军区统一为各高校配发学生军训所需的训练器材，如模拟训练的枪

① 陆华：《普通高校国防教育百年发展史》，东南大学出版社，2017年版。

支、激光模拟射击设备、武器挂图、训练用手榴弹、防毒面具（防毒服）、包扎救护器材、军事地形学使用的教具图板模型以及部队使用的军事教学录像视频资料等等。各高校应该推广建立模拟射击训练场馆，长期开放，常态化开展学生的射击训练。

课程化的军训形式，能够较好地解决当前高校学生军训的突出矛盾，既符合高等教育的规律，又落实了大纲规定的训练内容，同时还能保证军训的质量效果。值得军训相关部门和高校试点探索。

五、对高校学生军训向纵深发展的再思考

"76 号文件"第一条指出："充分发挥学生军训综合育人功能，为国家人才培养战略实施和国防后备力量建设做出重要贡献。"国家教育事业发展"十三五"规划将提高学生综合国防素质作为教育的七项根本任务之一，指出"加强高等学校军事理论教学，加强高等学校和高中阶段学校学生军事技能训练，拓展学生军训综合育人功能，提升青少年国防意识和军事素养"。而目前的集中军训模式，大一参加完军训后，四年内很少有机会再接受军事教育，发挥学生军训的综合育人功能比较困难。因此，笔者根据多年军训实践经验、参考国外军训的成熟做法，设想了"校内学生军训 + 军事训练营基地集训 + 预备役部队实践锻炼"三位一体的军训育人格局，以推动高校学生军训向纵深发展。

（一）高校建立暑期军事训练营制度

近年来，国家分别在天津、上海、南京等地组织了四届全国学生军事训练营，取得了良好的效果。但由于参加的人数有限，每届只有数百人，相对于全国高校上千万在校大学生几乎是杯水车薪。因此，需要探索在各高校建立暑期军事训练营制度。"76 号文件"第六条也指出"定期举办军事训练营，探索建立学生军事营地育人长效机制"。中北大学从 2015 年至今共组织了三届国防后备人才训练营，每届招收 200—300 人参加，制定有专门的训练大纲，取得了良好的育人效果，有很多学员选择参军入伍，涌

现出众多先进典型。国外学生军训也都组织军事夏令营，如美国高校学生可以自愿参加为期 6 周的暑期集训，英国高校是为期 1—2 周的暑期集训，法国高校学生可以自愿参加为期 4 周的暑期集训。基于以上的经验，可以试点在我国高校建立暑期军事训练营制度。高校在参加过学生军训的一年级学生中，选拔 300 人或 1/10 左右的自愿者，参加为期 1—2 周的暑期军事训练营，军事训练营可以选择在专业的训练基地或部队营区，训练内容要在学生军训基础上扩展深度与广度，增加专业训练和实战背景下的演习，训练成绩算作学生的社会实践成绩。每年 300—400 人，四年下来校园里就有上千名参加过军事训练营的学生军事骨干，将成为学校开展日常国防教育、国家安全教育和维护校园安全稳定、提升学风校风的生力军。

（二）在高校组建预备役连队

我国《兵役法》第四十五条规定："根据国防建设的需要，对适合担任军官职务的学生，再进行短期集中训练，考核合格的，经军事机关批准，服军官预备役"，以法律形式明确了通过学生军训培养国防后备力量，但是在后备力量建设与储备中却没有把参加军训的学生纳入其中，因而造成训练与储备使用脱节。① "76 号文件"第六条指出："统筹学生军训与民兵预备役训练，在普通高等学校试点编组民兵预备役队伍并开展训练。"南华大学、深圳大学、中北大学、成都大学等高校都已经开展了编组预备役连队的探索，取得了良好的效果，成为高校贯彻军民融合发展战略的有效抓手。这些都为推广高校编组预备役连队提供了依据。高校和军方可以从退伍大学生和参加暑期军事训练营的学生中，按照预备役军官和士兵的标准，通过考核选拔预备役官兵，授予相应的军衔，颁发相应证件，按照准军事化进行管理，在大学二年级到三年级服两年预备役，四年级退役。学校和军方要制定《预备役军事人才培养方案》和《预备役连队管理办法》，建立健全各类机制，推进高校预备役连队的正规化建设。

---

① 陈凯、陈波、许鹏主编：《中外学校国防教育和学生军事训练工作比较研究》，时事出版社，2018 年版。

“校内学生军训+军事训练营基地集训+预备役部队实践锻炼”三位一体的军训育人格局，覆盖了大学期间的各个学段，推动了学生军训向深层次发展。目前，原有的国防生制度已经终止，为进一步拓展军民融合培养军事人才的路径，更广泛地利用高等教育资源，为更多地方优秀人才进入军队提供广阔平台，军队将面向地方院校毕业生直接选拔招录军事人才。“三位一体”的高校军训育人格局符合军队人才培养战略的转型。

（三）研究生层次军事教育的开展

高校不只有本科生，还有研究生。特别是在我军建设世界一流军队的大背景下，军事人才培养模式正在转变，文职干部制度正在完善，预示着需要吸收更多高学历的优秀人才进入军队。开展研究生层次的军事教育也应该纳入高校军事教育工作者的视野。前文所述的军事训练营、预备役连队等都可以向研究生开放。针对研究生的特点，还可以开设“军事哲学”“军事战略研究”和“战争史研究”“国家安全战略学”等理论层次较高的军事类公共选修课程。

在中华民族由富起来向强起来迈进的新时代，高校学生军训对于增强民族凝聚力、增强国防实力的作用将越来越重要。各级部门、高校和军事教育工作者应进一步提高思想认识，认真贯彻落实“76号文件”精神，开拓创新，扎实做好高校军训改革工作。希望本文的思考能为深化高校学生军训改革提供有益参考，为实现“中国梦”“强军梦”贡献力量。

社区国防教育师资建设机制研究

徐东波*

摘　要：社区国防教育是全民国防教育背景下的重要建设领域，由于师资缺乏和师资建设机制缺失，当前处于弱势境地。应在明确社区国防教育师资等相关概念的基础上，探讨社区国防教育师资建设机制的主旨要义，着重分析“人员边界与构成、政策框架和建设空间”三个方面。并对包括“社区高等院校、驻军单位与军工院所和社区国防教育功能体”在内的三个机制构成单元做探讨。在此基础上，尝试提出社区国防教育师资建设机制的三类模式。

关键词：社区教育；国防教育；师资建设

德国社会学家滕尼斯1881年提出“社区”概念，随着社会发展，“社

---

* 作者简介：徐东波（1986年—），男，安徽巢湖人，南京农业大学军事理论教研室主任，讲师，南京大学历史学院、中国南海研究协同创新中心博士，研究方向为国防教育、高教管理、南海周边国家与南海安全。

基金项目：江苏高校哲学社会科学研究项目，由南京农业大学中央高校基本科研业务费人文社会科学研究基金资助（项目编号：SKPT2016032）。

区”被赋予多重涵义。2000 年，我国政府对“社区”的界定为“聚居在一定地域范围内的人们所组成的社会生活共同体，目前社区范围，一般是指经过社区体制改革后作了规模调整的居民委员会辖区”。[①] 狭义上，“社区”是指城市社区，但本文对“社区”的界定也包括了乡镇行政村。在社区发展和管理中，核心问题是社区教育。2016 年，教育部等九部门联合发文，要求丰富社区教育内容。[②] 事实上，社区国防教育在社区教育内容体系中多年来处于弱势。这不仅有悖于我国《国防教育法》，也与社区教育要旨相左，更使得全民国防教育有着较大提升空间。之所以如此，根本原因之一是缺乏社区国防教育师资。因此，提升社区国防教育地位和质量，首要问题即是探讨师资建设机制。

一、社区国防教育师资建设机制的基本内涵

研讨社区国防教育师资建设机制，应明确何谓“社区国防教育”。社区国防教育在逻辑上归属全民国防教育范畴，在教育形式上，区别于学校国防教育和家庭国防教育，属于社会教育范畴。因此，社区国防教育，可被定义为“由社区单位组织，以提升社区民众国防素养为目的的社会性教育活动”。

(一) 社区国防教育师资

论及社区国防教育师资建设机制，除了明确“社区国防教育”的定义外，还要明确何谓“社区国防教育师资”，这是科学设计、建构机制的前提，涉及机制建设的对象到底归属“哪一类”，本质是机制建设对象的范畴界定或群体划分。学术界迄今并未认真讨论过这一概念，相似的研究主要是对“社区国防教育教师”的探讨，且探讨极少。“社区国防教育教师

① 《中共中央办公厅、国务院办公厅关于转发〈民政部关于在全国推进城市社区建设的意见〉的通知》(中办发［2000］23 号)，2000 年 11 月 3 日。

② 《教育部等九部门关于进一步推进社区教育发展的意见》(教职成［2016］4 号)，2016 年 6 月 2 日。

是指在社区国防教育活动中，从事教学工作的教师群体。它是由专职兼职教师、教辅人员和管理人员组成的教育工作者群体”①，“城市社区国防教育师资队伍，不仅包括在城市社区中从事国防教育的专职兼职教师，也包含在国防教育中承担宣传教育工作的国防教育工作者，还包括本社区以外的可以聘请来兼职授课的国防教育教师”②。然而，类似的概念界定存在两个问题。首先，以“师资”而非“教师”概念为适宜，前者凸显出是“资质”，即标准界定或准入条件；其次，师资一般指的是教学人员，不包括教辅和管理人员。尽管在狭义上，往往称之为“社区国防教育教师”，但根本涵义应是“社区国防教育师资”。因此，社区国防教育师资是指在社区中承担民众国防教育任务的教学人员。从现实出发，主要包括高校专职国防教育师资、军工科研院所学者、驻地军事单位领导与教员和各级政府宣讲人员等。

（二）社区国防教育师资建设机制

所谓“社区国防教育师资建设机制”，简单地说，是指发展社区国防教育师资的制度、规则、途径与办法等。具体来说，它涉及三个层面的安排。第一，明确社区国防教育师资建设的人员边界和构成，它是指在特定社区范围内，对应“社区国防教育师资”定义，知晓本社区有哪几类师资存在，及其数量和关系结构如何，包括在可预见时期内，潜在的师资边界和构成状况。明确人员边界和构成，是社区国防教育师资建设机制理顺的前提和基础。进一步而言，在区域跨度大的社区之间，存在着不同的机制建设基础和模式。第二，明确社区国防教育师资建设的政策框架。正如普通高校国防教育建设过程中，呈现出的省际差异和地区差异那样，不同省份和地区的政策积淀各不相同，发达省份高校国防教育水平相对优于不发达省份的高校国防教育水平，这反映在社区国防教育师资建设方面，也存

---

① 陈俊树：《全民国防教育师资队伍建设问题研究》，厦门大学硕士学位论文，2006 年。

② 林旭：《城市社区国防教育师资队伍建设研究——以厦门市为例》，厦门大学硕士学位论文，2014 年。

在政策安排上的差异。即使在同一地区，农村和城市又存在不同的政策框架。显然，城市享有的政策资源多于前者。第三，明确社区国防教育师资的建设空间。前两者相对容易明确，是对过去和现实的回溯分析过程。而对建设空间的确定，本质上是对建设前景的规划，是确定可能的建设制度、规划可能的建设途径和制定可能的建设规则与方法的过程。对这一过程的探讨，涉及对社区国防教育师资建设机制组成单元的分析。

二、社区国防教育师资建设机制的组成单元

作为社区教育一部分的社区国防教育，同时也是全民国防教育系统中的构成单元。面临着一系列“被约束条件”，包括思想、政治、组织和技术等方面。[①] 本文认为，称之为“被约束条件”，虽能表达其意，但略显不妥。“被约束”即无法改变的客观前提，但上述四个方面并非不可改变。从主体因素考量，四个方面也可从以下三个主体做简要分析。

（一）社区高等院校

社会服务和文化传承是高校两大功能之一，高校前所未有的成为区域发展的加速器，并以其创新型力量为区域发展提供智力支持。社区高校并非单指在社区范围内的高校，在更为一般的意义上，是指能够为社区国防教育直接提供教学师资，并提出师资发展规划的高校。因此，社区高等院校是“合作”的规定，而非“地理”的限定。即使是非城市地带，只要能争取到高校支持，其国防教育师资建设机制中，就包括了这一主体。如苏南地带发展成熟的乡镇行政村，来自江浙一带的高校支持形成常态化。正因为是“合作”而非“地理”的限定，社区高等院校主体因而就不是封闭孤立的状态，主体构成和数量也就处于相对变动的过程中。因而从高校主体层面，形成了机制建设竞争的前提。乡镇行政村也基于此，排除了地理上的非临近弊端，能够自由获得高校主体支持。高校也能够根据自身发展

① 周开坦：《社区国防教育机制的被约束条件》，《湖南科技学院学报》，2011 年第 10 期。

需要，对包括乡镇行政村在内的整个社区进行灵活选择。值得关注的是，尽管乡镇社区相对处于弱势，但这样的理论界定，至少为实践层面解决城乡社区国防教育师资水平的差异化提供了方向，也应该是政策制定时基于的规则之一。

（二）社区驻军单位和军工院所

相对高校而言，这一主体容易被忽视。相比于社区驻军单位，军工院所由于其性质和日常管理制度，更容易受忽视。但这一主体恰是和国防联系最为紧密的单位，包括军事院校、野战部队、省市级军事机关、预备役部队、武装警察部队和军工研究单位等，有着大量的社区国防教育师资。客观上，这一主体与社区之间也是“合作”关系，但基本上是地理限定范围内的“合作”，“合作的流动性”低。特定驻地单位只能在有限的地理范围内展开社区国防教育，这主要是由于驻地军事单位和军工科研院所的性质使然。因此，这一主体在“合作”的形式、程度和途径上都有别于其他两类主体。当前，最为常见的是共建形式，驻地单位和社区形成共建单位。但受制于社区国防教育乃至全民国防教育发展水平较低的现实，其共建途径较为单一，主要是走访和调研等，且共建程度较低，年均教育和活动次数少，难以提供稳定师资。从主体属性上看，高校是第三产业单位，其成果具有“准公共产品”性，而驻地单位提供的则是确定的国防“公共产品”，后一主体的公益性更为明显。因而，社区国防教育师资发展水平的高低，与这一主体关系最为密切，高校在社区国防教育师资建设中的主体功能的发挥也必须基于这一主体实践。

（三）社区国防教育功能体

提升全民国防教育素养本身就是政府职责范围内的事务，社区国防教育实践则是全民国防教育层次提升的支撑点之一。从实践层面看，社区国防教育和社会国防教育几乎成为同义语，政府职能的有效释放就成为教育成效的关键。社区所在政府部门包括社区所在的省、市和县区级政府部门与街道办事处。但社区国防教育的最终实施以及师资配备，依然由社区自身解决。各种国防教育活动的微观组织，依然要靠社区推动。然而，受制于行政力量的缺失，单纯的社区力量有限，话语权缺失、经费不足和国防教育开展渠道不畅等，都是社区国防教育过程中的常见问题。这就需要社区政府部门引领，需要社区所在各级政府的政策支撑和经费与人员引介支持，特别是发挥各级政府宣讲团的作用。但社区所在的各级政府无法直接实践，或越俎代庖，直接承担社区职能。尽管社区国防教育师资建设是政府职能范畴内的事务，但社区的自治性特点和各级政府的执政性存在本质差异。因此，在理论上把社区所在的各级政府部门和社区统称为社区国防教育功能体，其目的在于提出一个问题领域，即“在社区国防教育师资建设方面，如何依托各级政府，发挥社区功能，形成师资建设的合力机制”。

三、社区国防教育师资建设机制的主要模式

基于对社区国防教育师资及其建设机制的分析，以及对机制建设的三个主体构成单元的理论设想，并结合包括政策和师资现状等因素在内的当前社区国防教育师资建设的实践体系，本文提出社区国防教育师资建设的三类主要模式。

（一）政府部门主导型

党的十八大提出，加强国防教育，增强全民国防观念，是一项重要的战略任务。习近平总书记强调，各级党委和政府，要使关心国防、热爱国防、建设国防、保卫国防成为全社会的思想共识和自觉行动。因此，社区所在各级政府重视社区国防教育师资配备和师资建设机制发展，是贯彻党和国家重要政策方针的生动体现，具有政治合法性。从政府学说角度看，政府应当提供诸多维持社会正常运转和保证国家安全的公共产品与服务，因此，合乎政治逻辑。政府部门在社区国防教育师资建设机制中发挥主导作用，从根本上看，就是要落实上文所言的机制涉及到三个层面的安排。

首先，教育部、民政部会同相关部门在对上述三个层面的安排充分落实后，在总的社区国防教育发展框架内，应制定包括乡镇行政村在内的具

有地域差异性的社区国防教育师资建设标准和总体标准，明确社区国防教育师资建设应该达到的建设预期。省、市、县区级政府对标准和预期进行具体分解，并作为考核基层社区国防教育师资建设状况的依据，作为政府考核绩效的组成部分。其次，政府应在上述“功能体”的范畴内，充分发挥行政力量的宏观引导价值，积极发挥辖区内其他两类主体在师资建设上的作用，协调党政单位与军事单位的工作关系。积极引导两类主体把提供社区国防教育师资纳入自身单位职责范畴之中，政府则提供相应的补偿和激励机制。再次，政府在加强自身建设主导地位的同时，应引导和夯实社区在师资建设过程中的主体地位，把“功能体”中的社区作用放大，使之趋于与其他主体处于平行地位。因为，尽管社区是自治性组织，但包括高校和军事单位在内的诸多法人团体都必然在某一社区范围内。诸如苏南地区的发达社区，对高校等主体的吸引力不可小觑，在产业合作、学生就业等方面存在诸多合作空间，进而产生对社区国防教育师资发展的“溢出价值”。作为政府部门，应主动在其中注重设计和引导。

（二）高校—社区合作型

尽管政府主导型是一种具有行政效力的师资建设机制，但必须承认的是，在社区国防教育师资建设问题上，多年来效力缺失较为严重，导致师资建设滞后。这也是为何要倡导建立社区国防教育师资建设机制的原因之一。因此，相对于行政效力而言，从学术效力和组织自治的角度，探讨师资建设机制，不失为一种有益尝试。而高校与社区的合作，早已有之，从简单的设施共用，到产学研结合，再到区域协同创新，高校与社区的合作已具有前所未有的深度。

高校与社区在师资建设上的合作，应包含两个方面：第一，是解决社区国防教育师资不足的问题。因此，高校应根据社区所需，遴选国防教育教师进社区，并把这种服务作为社会服务的一部分，在校内制度上予以明确，以提升教师的积极性。事实上，高校国防教育教师进入社区开展国防教育讲座、国防技能培训等活动，从 20 世纪 80 年代以来一直就有。现存的问题主要是缺少制度化、组织化和规模化，零散性和自发性大，需要双方共同探讨。第二，是为社区国防教育培养师资，从而深化“师资”概念。这种考虑，也是与另外两种模式的对接。即无论是社区主导还是政府主导，社区国防教育师资应该作为全民国防教育师资的分支单列，形成一种职业，正如高校国防教育师资逐渐形成一支专职队伍一样。高校国防教育专职师资队伍是由高校和军事单位共同培养而成，社区国防教育专职师资队伍在理论上也可由二者共同培养。在波兰、泰国等国，这种专门的基层国防教育师资已经成型，泰国、越南等国也有专门的国防教育中心，承担社区和民众国防教育任务。

（三）社区主导型

高校—社区合作建设社区国防教育师资机制，也存在一些弊端：一是无法吸引上述驻军单位和军工院所的参与；二是社区国防教育内容的确定和更新，必然离不开军事单位的参与。实际上，高校—社区合作型，可被视为是社区主导型的分支类型，即在社区主导下，社区与高校的单一合作。但从高校视角出发，在社会服务功能无限扩散的当下，高校并不仅在这一方面提供服务，正如上文所言，反而是其他服务的“价值溢出”。将其单列为一种机制建设模式，具有理论和实践上的意义。社区主导型，可被视为是在政府主导的现实效力缺失的状况下，以社区为主导，吸引高校、驻军单位和军工院所参与的师资建设机制类型。

社区主导型师资建设机制的效力关键，在于能否展现出社区的内在吸引力，从而在缺少各级政府部门行政干预和支持条件下，主动赢得社区内高校、驻军单位和军工院所的有效参与。本文看来，应着重从以下三个方面考虑：首先，与政府主导型一样，将师资建设机制的三个层面的安排充分予以分析，并形成清晰的结论，以解决“现状、机遇和未来可能”三个问题。其次，为提高师资建设机制的效力，社区应为地域范围内的两类单位提供良好的社区服务，解决两类单位在社区服务方面遇到的不满和难题。可在当前的“共建”模式基础上，进一步细分共建单元，如两类单位的医疗部门与社区医疗服务部门之间的共建联系等。再次，尽管社区主导型师资建设机制，在理论上未考虑政府力量。但同样在理论的范畴内，社区应该主动设计，在不同程度上吸引各级政府力量的有力支持，为可能的实际支持提供概念引导。

事实上，在社区国防教育师资建设问题上，无论是上述三种模式的哪一种，都始终围绕三个组成单元展开。本质上，始终是三个单元力量的不同程度的体现和参与。在公共服务提供水平较高、经济水平和群众素质较高的地区，各个单元力量的主动性较强。相反则主动性则弱。因而，提出三种模式的划分，根本目的在于围绕社区国防教育师资建设机制，尝试性地提出可能的理论解释框架。而实际情况，应该是相近于某一种或某几种类型。

总体国家安全观下高校国防教育与国家安全教育的融合

谢素蓉　徐东波*

摘　要：国防教育的最终目的是维护国家安全，是维护国家安全的重要软手段。因此，反映当前国家安全客观现实状态的总体国家安全观，其“非传统性”“总体性”“高级性”对当前高校国防教育提出新的要求，即由传统的军事课教学转变为内容更加丰富的国防与国家安全教育。从历史与现实的角度分析，将国家安全教育融入到高校国防教育更加合理。

关键词：总体国家安全观；高校国防教育；高校国家安全教育

伴随着复杂多变的国家安全形势，我国政府于 2014 年提出了“总体国家安全观”。2015 年 7 月 1 日，第十二届全国人大常委会第十五次会议表决通过了新的国家安全法。2018 年 4 月教育部印发《关于加强大中小学国家安全教育的实施意见》，要求设立国家安全学一级学科，并提出构建

---

* 作者简介：谢素蓉（1978 年—），女，江西赣州人，厦门大学军事教研室主任，副教授，硕导，博士，主要从事国防教育方面的研究；徐东波（1992 年—），男，河南新乡人，厦门大学国防教育学硕士研究生，主要从事国防教育方面的研究。

完善国家安全教育内容体系。①

一时之间，国家安全的相关政策、研究、活动等遥相呼应，犹如“星星之火”，渐渐形成“可以燎原”之势，这些都影响着高校国防教育研究与实践的未来走向。一些国防教育学者适时地指出，高校国防教育应将“国家安全教育融入其中”。②

那么国防教育和国家安全教育究竟是什么关系？要如何应对新的总体国家安全观带来的挑战，如何继承与发展现有的高校国防教育，并逐渐满足我国国家安全形势的新要求，成了一个重大现实问题。

一、总体国家安全观“何以影响”高校国防教育

总体国家安全观下高校国防教育与国家安全教育的融合，蕴含的一个核心研究假设是：总体国家安全观理当影响高校国防教育。不少学者指出，总体国家安全观应该指导高校国防教育工作；一些专家认为，“（国家）安全观……促动了高校国防教育内容的演化、推动了高校国防教育实践的变迁”。③其实，无论是前者的“指导说”，亦或后者的“演变说”，都体现出学者们对于总体国家安全观必将影响高校国防教育的深刻认知。但是，总体国家安全观为什么可以影响高校国防教育工作，这样一个必须厘清的基本问题似乎被“理所当然”地忽略了，还需从国家安全与国防教育的关系入手进行辨析。

（一）国家安全与国防教育的关系

《中华人民共和国国家安全法（2015）》第 2 条规定：“国家安全是指

① 人民网：《教育部印发意见：设立国家安全学一级学科》，http：//edu. people. com. cn/n1/2018/0414/c1006 – 29925687. html。

② 徐宇春、问鸿滨：《总体国家安全观下对我国高校国防教育创新的几点思考》，《教育与教学研究》，2016 年第 6 期，第 92 页。

③ 冯寒妍：《中国安全观演进视野下高校国防教育创新发展研究》，南昌航空大学硕士论文，2016 年。

国家政权、主权、统一和领土完整、人民福祉、经济社会可持续发展和国家其他重大利益相对处于没有危险和不受内外威胁的状态，以及保障持续安全状态的能力。”而我国《国防法》也规定：国防，就是国家的防务，是指国家为防备和抵抗侵略，制止武装颠覆，恐怖分子等，保卫国家的主权、统一，领土完整和安全所进行的军事活动，以及与军事有关的政治、经济、科技、外交、教育等方面的活动。两者的共同点都指向国家主权、统一、领土完整和安全的目的；不同点在于国防应对的对象是侵略和武装颠覆，恐怖分子等军事性质的对象，采取的是军事及与军事有关的活动与手段来达成目的，具有军事特性。但是国防所维护的军事安全本身是国家安全的重要内容。国防所采用的军事手段和与军事相关的活动也是维护国家安全中其他各项安全的最后和最有效手段。相应地，国防教育通过教育这个软手段来达到巩固国防，最终维护国家安全的目的。

1. 手段说：国防教育是维护国家安全的重要软手段

国家安全研究专家刘跃进教授在《国家安全学》中提到：“保障国家安全的软手段包括经济、科技、教育、文化等各项事业，以及搞好外交外事、公共关系、宣传教育等方面的活动。”①后来，他在《非传统的总体国家安全观》一文中进一步将保障国家安全的软活动归纳为：“发展经济、国家安全宣传、国家安全教育、国家安全公关等等。”②教育与国家安全教育被认为是保障或维护国家安全的软手段。同理，国防教育也应该是维护国家安全的软手段，因为国防教育正是通过教育这一软手段达到巩固国防从而维护国家安全尤其是军事安全的目的。

与作为保障国家安全硬手段的政治镇压、军事攻防、情报保卫相比，作为软手段的国防教育发挥维护国家安全的作用具有“内潜性”与“间接性”等特点。国防教育发挥维护国家安全作用的过程大致是：国防教育通过加强全体公民的国防意识与国防行为能力，从而更好地维护国家安全。可见，国防教育一般情况下不是直接发挥作用，而是通过“育人”间接地

---

① 刘跃进主编：《国家安全学》，中国政法大学出版社，2004 年版，第 294 页。

② 刘跃进：《非传统的总体国家安全观》，《国际安全研究》，2014 年第 6 期，第 22 页。

发挥作用；作为教育活动的国防教育也不能较快地发挥作用，而是一个“潜移默化”的过程。

认为作为维护国家安全软手段的国防教育具有“间接性”与“内潜性”等特点，并不是否定它对于维护国家安全的“重要”作用。“越是和平时期越要加强国防教育”①；越是和平时期，越要重视国防教育等软手段的重要性，越要发挥国防教育的内潜性、间接性的重要作用。例如，“以美国为首的西方资本主义国家借全球化浪潮向我国‘文化输出’、‘价值渗透’等”②，就必须借助国防教育尤其是高校国防教育，防止这些“价值渗透”对我国当代青年产生不良影响，从而维护国家的意识形态安全。必须注意到，西方的价值渗透是具有内潜性与间接性危害的，相应的对策不可能是军事、政治等硬手段，而需要主要通过国防教育等软手段发挥作用。

2. 目的说：国防教育的最终目的是维护国家安全

根据厦门大学军事教研室吴温暖教授对国防教育所下的定义，国防教育是通过增强公民的国防意识与提高公民的国防行为能力来达到巩固国防这个目的的③。国防教育的目的指向国防，那么国防的目的又指向什么？《中华人民共和国国防法》规定，国防的目的是“保卫国家的主权、统一、领土完整和安全”④。《国防法》采取“具体阐明”的方式来规定国防的目的，简单地说，就是“保卫国家的安全”，因为国家的主权、统一、领土完整都可以纳入国家安全的范畴。由于国防教育的目的是“巩固国防”，国防的目的是“保卫国家安全”，国防教育的最终目的也就是“保卫或维护国家安全”。

国防教育与国家安全关系的“目的说”与“手段说”是一致的，但侧

---

① 谢素蓉、吴温暖：《越是和平时期越要加强国防教育》，《国防》，2008 年第 5 期，第 57 页。

② 李忠军：《国家意识形态安全与大学生政治价值观教育研究》，东北师范大学博士论文，2008 年。

③ 吴温暖主编：《高等学校国防教育》，厦门大学出版社，2007 年版，第 14 页。

④《中华人民共和国国防法（1997 年 3 月 14 日第八届全国人民代表大会第五次会议通过）》第一章第二条。

重点有所不同。“目的说”强调国防教育的终极目的，更注重国防教育的“国防性”；“手段说”强调国防教育发挥维护国家安全作用的过程与特点，更注重国防教育的“教育性”。这与吴温暖教授等学者提出的国防教育的“教育性与国防性的双重属性”①观点一致。

（二）总体国家安全观理应指导高校国防教育

国家安全观是“主体对国家安全现实的反映”②。由此，不同主体对不同国家安全现实的反映有所不同，我国的国家安全观就是我国政府针对我国的国家安全现实提出的代表官方的一系列相关“国家安全政策”；同一主体对不同历史时期内的国家安全现实的反映也不一样，如我国政府曾在不同时期提出过不同的国家安全观，近 20 年间的“新安全观”和“总体国家安全观”等都在一定时期内发挥重要作用，尤其是后者，将成为今后国家安全等各项工作的指导方针。可以说，总体国家安全观客观地反映出当前的我国国家安全现实，即各种各类国家安全问题的内外交织、新旧交叉、传统与非传统并存。

根据前文的论述，“国家安全与国防教育的关系”集中体现为“目的说”与“手段说”，据此可以推出：总体国家安全观应当指导当前的国防教育实践。因为国防教育的最终目的是维护国家安全；国防教育所要培养的国防观念，其核心是“对国防的认知和国家安全的认识”。反过来，国家安全现实与形势的变化导致的国家安全观演变必然影响国防教育工作的开展。因此，反映当前国家安全客观现实状态的总体国家安全观应科学地指导国防教育活动的进行。总体国家安全观也理应指导发展相对较为成熟的高校国防教育活动。

二、总体国家安全观“以何影响”高校国防教育

国防观念的核心是“对国防的认知和国家安全的认识”。这个“认知

① 吴温暖主编：《高等学校国防教育》，厦门大学出版社，2007 年版，第 17 页。
② 刘跃进：《国家安全观的分类问题》，《江南社会学院学报》，2001 年第 4 期，第 19 页。

和认识”不仅具有丰富的内涵，而且必然随着国家安全形势和战争形态的演变而发展。信息化时代，国家安全形势异常复杂。首先，要在未来的信息化战争中立于不败之地，就必须适应战争形态演变，确立与之相适应的全方位的立体的国防观念和国家安全观念；其次，信息化的社会使得实施正确舆论引导以形成国家统一意志增加了难度，国家安全观的内涵也不断拓展和丰富。为此国家适时提出与之相适应的总体国家安全观，其“非传统性、总体性、高级性”①向新时期的国防教育提出了挑战。牢牢把握总体国家安全观所体现出的新特点，对变革当前高校国防教育具有十分重大的意义。

（一）总体国家安全观的“非传统性”与高校国防教育

2014 年 4 月 15 日，习近平在中央国家安全委员会第一次会议上首次提出“总体国家安全观”，指出既重视传统安全，又重视非传统安全，构建集政治安全、国土安全、军事安全、经济安全、文化安全、社会安全、科技安全、信息安全、生态安全、资源安全、核安全等于一体的国家安全体系。

传统国家安全观主要关注的是军事安全、政治安全等；而总体国家安全观还强调了科技安全、生态安全、信息安全等非传统国家安全要素，是涵盖非传统安全的综合国家安全观。总体国家安全观体现了国家安全的“非传统性”，当前的国防教育或高校国防教育则首先要体现出“军事性”的特点。例如，从国防的视角来看，国防教育的目的是巩固国防建设，而《国防法》明确规定国防是：国家为防备和抵抗侵略，制止武装颠覆，保卫国家的主权、统一、领土完整和安全所进行的军事活动，以及与军事有关的政治、经济、外交、科技、教育等方面的活动。② 由此可见，国防的手段主要围绕“军事活动”，当前的国防教育或高校国防教育也主要突出

① 刘跃进：《非传统的总体国家安全观》，《国际安全研究》，2014 年第 6 期，第 22 页。

② 《中华人民共和国国防法（1997 年 3 月 14 日第八届全国人民代表大会第五次会议通过）》第一章第二条。

"军事性"的特点。

总体国家安全观视野下，总体国家安全观的"非传统性"的特点要求高校国防教育在保持"军事性"的前提下，融入相关非传统国家安全的教育内容。应该把非传统国家安全要素如科技安全、文化安全等融入到高校国防教育之中。

（二）总体国家安全观的"总体性"与高校国防教育

总体国家安全观的"非传统性"是不是就意味着只强调非传统国家安全内容，其"总体性"显然给出了否定答案。总体国家安全观的"总体性"首先就体现在：既关注和强调传统国家安全内容，也关注和强调非传统国家安全内容。这对高校国防教育有着重要而积极的指导意义。也就是说，高校国防教育在增加或融入非传统国家安全教育内容的同时，不能想当然地减少或删减传统国家安全内容。从某种意义上，总体国家安全观的"总体性"也一定程度上肯定了国防教育的"军事性"。实际上，正是这种与军事相关的最传统性的教学内容，才把高校国防教育与高校其他教育相区别开来，也使它与高校国家安全教育有所不同。根据总体国家安全观的"总体性"特征与高校国防教育自身的特殊性，高校国防教育应该增加或融入非传统国家安全内容，同时保持"军事性"的传统。

总体国家安全观的"总体性"还体现在：国家安全包含外部安全与内部安全，影响国家安全的因素也包括内部因素与外部因素。[①] 今天的高校国防教育也对"外部"更感兴趣，而较少关注"内部"。例如，当前高校国防教育的内容大部分都与"国家外部安全"相关，对影响国家安全的内部因素较少关注。甚至有学者认为，因为国防的职能就是对外的，因此国防教育仅仅关注与强调影响国家安全的"外部因素"并没有错。传统国防的确过于关注"外部因素"，但亦不是完全没有涉及"内部因素"。吴温暖教授主编的《高等学校国防教育》一书中提到，国防的对象"武装颠覆"

---

① 刘跃进：《论总体国家安全观的五个"总体"》，《人民论坛·学术前沿》，2014 年第 11 期，第 14—20 页。

就可能是来源于国家内部，也可能是内外部相互勾结。[①] 此外，目前我国国家安全形势极为复杂，很多威胁或危害国家安全的因素往往是“内外交织在一起”，如果不保障好国家的内部安全，外部威胁因素就可能被放大，进一步危害国家安全，这需要高校国防教育发挥相应的维护国家内部安全的作用。因此，高校国防教育未来改革的趋势必定是“兼顾传统与非传统”“强调内外兼修”。

（三）总体国家安全观的“高级性”与高校国防教育

如果说总体国家安全观的“非传统性”“总体性”容易被研究者所认知，那么它的“高级性”特点则相对隐蔽，不易被认知。总体国家安全观的高级性体现在：用非传统安全思维统合与认识各种传统与非传统国家安全问题。用传统安全思维来思考各类国家安全问题相对简单，传统的思维模式已经被适应；用非传统安全思维思考国家安全问题相对复杂，因为对非传统国家安全要素的关注度不够；由于习惯用传统思维看待传统问题，用非传统安全思维考量传统国家安全问题更难。例如，2016 年我国国家安全十大事件之一的“美国拟在韩国部署萨德系统”是一个传统国家安全问题，通常会从军事等最传统的视角看待这一问题，却较少从文化、科技、信息、生态等非传统的角度去考量。而总体国家安全观的“高级性”则内含了利用非传统的安全思维去统合、认知、思考各种传统与非传统的国家安全问题。

在总体国家安全观这一特性的指导下，高校国防教育所要做的创新不仅是融入非传统国家安全教育内容或兼顾传统与非传统、内部与外部国家安全教育内容那么简单，也不是简单地培养高校学生的国防意识或国家安全意识那样容易，而是要用非传统安全思维统合高校国防教育内容，从而提升大学生的国家安全思维，尤其是非传统国家安全思维。

总之，总体国家安全观主要以其“三个主要特点”对高校国防教育形成一定的指导与启示。在这些思想原则的指导下，高校国防教育的内涵亟

① 吴温暖主编：《高等学校国防教育》，厦门大学出版社，2007 年版，第 6 页。

待拓展，即由传统的军事课教学转变为内容更加丰富的国防与国家安全教育。

三、高校国防教育与高校国家安全教育的融合共生

综上所述，在总体国家安全观指导下，如何继承与发展现有的高校国防教育，并逐渐满足中国国家安全新形势的要求，这是一个重大现实问题。最基本的思路是高校国防教育与高校国家安全教育相互融合。这是高校国防教育历史发展的必然趋势，也是现实层面上合理有效的选择。

（一）历史的发展趋势：高校国防教育转型为高校国防与国家安全教育

从高校国防教育发展的历史脉络来看，以 1985 年全国学生军训试点工作为分界线，1985 年之前，面对新中国成立以来严峻的安全形势，着眼于培养后备兵员和预备役军官，我国高校国防教育工作基本上是以行政为主导，以军事训练和学军为主要形式；1985 年之后，随着国防的重心逐渐转移到和平时期的国防建设上来，高校国防教育开始逐步过渡到以教学为主导，以试点开设军事理论课程结合军事训练为主要形式；2001 年《中华人民共和国国防教育法》颁布施行之后，国防教育成为国民的基本素质教育，才全面转变到以教学为主导，以普及开设国防教育课程为主要形式。从历史发展中可以看出，随着时代的发展和国家安全形势的变化，高校国防教育从最初的军事训练到结合军事理论课程进行试点，再到以教学为主导，开设国防教育课程，其内涵与教育内容不断得到拓展，最终从高校培养后备兵员和预备役军官的主要途径转型为国民的基本素质教育。

作为国民的基本素质教育，在总体国家安全指导下，新时期高校国防教育必需“兼顾传统与非传统”“强调内外兼修”的国家安全教育。然而传统的高校国防教育无论从内涵还是从教育内容来看，已经不足以担负新时期的使命。虽然高校国防教育是高校进行国家安全教育的有效手段，但其传授的国防知识与技能，培养的国防观念更多地着眼军事范畴，并不能

涵盖总体联系的国家安全各要素，亟需通过修订教学大纲、拓展教学内容、丰富教学手段把高校国防教育转型为高校国防与国家安全教育；虽然国防教育的最终目的是维护国家安全，但是与维护国家安全的其他教育手段相比，国防教育具有鲜明的军事特性；根据我国的《国防法》和《兵役法》，新时期的高校国防教育也仍然担负着培养后备兵员和预备役军官的重要使命。因此也不能用高校国家安全教育来简单涵盖高校国防教育，而要突出新时期普及国家安全教育和培养后备兵员的双重使命，把高校国防教育拓展为高校国防与国家安全教育。这也是国防教育历史发展的必然趋势。

（二）现实选择：高校国防教育与高校国家安全教育的融合

适应新的安全形势，高校国家安全教育虽然被提到议事日程上来，但在现实落实层面仍然存在重重困难。把高校国家安全教育融入到现有的高校国防教育体系和实践当中，可以达到事半功倍的效果。

“国家安全”是一个由美国传入的概念，它的现代用法最早出现在美国报纸专栏作家利普曼 1943 年的著作《美国外交政策》中①，“国家安全教育”的概念虽难以考究何时最早出现，但可以肯定其出现时间晚于“国防教育”。因此，至少在中国，国防、国防教育、高校国防教育等相关概念的出现时间均早于国家安全、国家安全教育等概念。概念出现早晚直接会影响相关实践的开展。从全民的教育实践来看，2001 年国家就设立了“全民国防教育日”，而 2015 年才确立“全民国家安全教育日”；从高校的教育实践来看，1985 年一些大学已经着手开展“学生军训试点工作”，而至今也鲜有高校开设实质的“国家安全教育”课程。《国防法》《国防教育法》颁布的时间也早于《国家安全法》。何故？除了相关概念出现时间早晚影响外，主要还是受现实发展的制约。国家安全实践与研究经常涉及一些保密问题，不宜公开探讨，国家安全教育的发展也因此受限，直到近几年随着国家安全政策的提出才被逐渐重视起来。

---

① 刘跃进主编：《国家安全学》，中国政法大学出版社，2004 年版，第 50 页。

而高校国防教育的开展从1985年“军训试点”算起，至今已30多年，其发展相对成熟。政策层面上，《兵役法》《国防法》《国防教育法》和《教学大纲》等都对大学生国防教育做出或详或略的要求，尤其是《教学大纲》明确规定军训与军事理论课为必修课，且给予相应课时的保障，由此确立了高校国防教育的课程地位。实践层面上，虽各个高校对国防教育重视程度不一，开展形式各异，但由于国防教育必修课的性质，基本所有大学生会接受或多或少的熏陶。这与高校国家安全教育有很大区别。国家安全教育在高校没有相应课程作为载体，或者说其课程载体不明确。目前的高校军事理论、思想政治课、形势与政策等多门课程都不同程度地涉及国家安全教育的相关内容，但又都不能构成完整意义上的国家安全教育。从这个方面上看，当前国防教育在高校的现实地位要高于“待建”的高校国家安全教育。

实际上，仅从高校的各个课程内容上看，军事理论课所涉及的国家安全教育内容最多。例如，“中国国防与军事思想”部分包括军事安全、政治安全等内容；“战略环境”部分内含国际安全、国土安全等要素；“军事高技术与信息化战争”与科技安全、信息安全、核安全等密切相关。难怪有些国防教育教师直接就认为，当前高校国防教育包括国家安全教育。这样的说法虽有失偏颇，但至少可以认为，高校国防教育与国家安全教育有天然的联系与密切的关联，而且，它们的最终目的都是维护国家安全，这也就决定了它们之间可以互相融合与借鉴。

（三）融合与共生：国防与国家安全教育

理想情况下，高校国防教育与高校国家安全教育的融合与共生能够很好地适应当前国家安全形势的发展。而且，国家已经提出要在高校进行国家安全教育①，还是直接将高校国家安全教育纳入到现有的高校国防教育体系之中，通过修订教学大纲，扩展教学内容等来同时完成国防和国家安

① 人民网：《教育部印发意见：设立国家安全学一级学科》，http://edu.people.com.cn/n1/2018/0414/c1006-29925687.html。

全教育的双重使命？本文赞同后者，主要原因包括：第一，历史与现实角度的探究已经力证了当前高校国防教育远远比国家安全教育成熟。无论是教师、课程体系与内容、教学管理、教学机构，还是30多年积累的丰富经验与教训，都为国防教育的继续存在与发展提供了良好基础。第二，正是由于成熟的高校国防教育模式，将国家安全教育融入其中就变得十分自然与简便，仅需将国防教育教学内容进行更新与扩充，或者仅是教师知识结构要求上的变化，又或者要求其相应教学方法方式的转变。第三，直接构建新的高校国家安全教育体系非常困难，与其费时费力另组一套班子，不如“就地取材”，实现高校国防教育的创新与变革。

应当注意的是，从学科建设的角度，国防教育与国家安全教育是有密切联系但并不相同的两个概念，相应地在实践层面，也不能由国防教育来完全涵盖国家安全教育的内容，而必须把高校国防教育拓展为高校国防和国家安全教育，才能兼负新时期高校培养后备兵员与加强大学生国家安全意识的双重使命。

将国家安全教育融入到高校国防教育之中，还必须坚持国防教育“军事性”的基本特征，也就是必须以“国防教育”为主，以“国家安全教育”为辅。这也是由国家安全形势所决定的。例如，由国际关系学院“国家安全十大事件调研项目组”组织评选的2017年中国国家安全十大事件按顺序依次是：驻韩美军部署“萨德”系统；中印洞朗对峙；中国共产党第十九次全国代表大会在北京召开；习近平主持召开国家安全工作座谈会；“一带一路”国际合作高峰论坛在北京举行；中国首艘国产航空母舰下水；网络勒索病毒全球肆虐；《中国的亚太安全合作政策》白皮书发布；习近平与特朗普海湖庄园会晤；红黄蓝幼儿园“虐童”事件广受关注。[①]从中可见，虽然出现一些非传统国家安全问题，但传统尤其是军事问题依然是威胁或危害国家安全的最多的问题，也是最受关注的问题（十大事件的前两个都是军事问题）。并且，维护国家安全的最终手段与最重要手段

---

① 搜狐网：《国家安全十大事件调研项目组：2017年中国国家安全十大事件揭晓》，http：//www. sohu. com/a/218409173_ 115376。

依然是军事的客观现实没有变，且将一直持续下去。这就是保持国防教育“军事性”的重要客观原因。

总之，高校国防教育融入国家安全教育的相关内容后，虽然还是以“国防教育”为主，但考虑到内容的变化与各相关方的利益平衡，其名称可定为：高校国防与国家安全教育。要实现高校国防教育与国家安全教育的融合共生，还需要其他更多现实可行的论证与研究，期待更多学者参与讨论，共同破解当前我国高校国防教育的困境与维护国家安全。

基于“互联网+”的通识课教学改革探究

——以《孙子兵法》通识课为例

毛雪梅*

摘　要：和专业教育一样，通识教育是高等教育必不可少的组成部分，二者共同组成了完整的高等教育体系；通识课教学是通识教育的主要途径。而通识课教学又是贯彻落实国家政策精神的重要举措，是继承和弘扬中华民族文化的主要渠道，是实现高校素质教育的重要途径，非常重要。所以探究适合时代特点的通识课教学改革也就成了当务之急。本文以内蒙古师范大学开设的《孙子兵法》通识课为例，探究基于“互联网+”的适应当代大学生学习特点的通识课教学方法、教学资源呈现方法、教学管理方法、教学评价方法。

关键词：《孙子兵法》；通识课；教学改革

---

* 作者简介：毛雪梅（1971年—），女，内蒙古通辽人，硕士，现于内蒙古师范大学军事教研部任国防教育中心主任，副教授，主要研究方向为教育基本理论、学校国防教育。

基金项目：内蒙古自治区课题“孙子兵法的现代教育价值及其实现”（NJZC041）、“内蒙古师范大学通识教育课程立项”（TS17189）、内蒙古师范大学第八批教学研究课题“关于通识课教学方法改革的研究——以《孙子兵法》通识课为例”（178JXYJ100）。

一、通识课的教育意义

通识教育是指对所有大学生普遍进行的有关共同内容的教育，包括基础性知识的传授、公民意识的陶冶、健全人格的熏陶以及一些非专业性的实际能力的培养，其目的是要把受教育者作为一个主体性的、完整的人施以全面的教育，使受教育者在人格与学问、理智与情感以及身与心诸方面得到自由和谐的发展。① 与通识教育相对应的是专业教育。和专业教育一样，通识教育是高等教育必不可少的组成部分，二者共同组成了完整的高等教育体系。通识教育是为克服单纯专业教育的弊端而提出来的，是对专业教育的补充；从教育目的的角度讲，通识教育是为培养完整的社会“人”服务的，是为人的身心和谐发展服务的。实现通识教育目标的方法有很多，比如阅读、第二课堂、社会实践、开设通识课，其中最重要、最常见也是最有效的方法就是开设通识课。

（一）通识课教学是贯彻落实国家政策精神的重要举措

20世纪初美国首先开始研究通识教育。我国通识教育思想源远流长，可是一直到20世纪80年代我国学者才开始关注这一问题，随着时代的发展和人们认识水平的提高，这一研究领域得到了越来越广泛的关注。1998年，教高司［1998］“2号文件”《关于加强大学生文化素质教育的若干意见》明确指出，“我们所进行的文化素质教育工作，重点指人文素质教育。主要是通过对大学生加强文学、历史、哲学、艺术等人文社会科学方面的教育，同时对文科学生加强自然科学方面的教育，以提高全体大学生的文化品位、审美情趣、人文素养和科学素质。”② 响应和贯彻落实这一文件精神，各个高校的通识课也从无到有、从少到多、从低质向高水平迅速发展

---

① 冯惠敏、黄明东、左甜：《大学通识教育教学质量评价体系及指标设计》，《教育研究》，2012年第11期。

② http：//old. moe. gov. cn//publicfiles/business/htmlfiles/moe/moe_ 734/200408/2982. html .

起来了。

“一带一路”倡议是习近平主席2013年出访中亚、东南亚国家时提出的“丝绸之路经济带”和“21世纪海上丝绸之路”的简称，也是党和国家顺应全球发展趋势而做出的重大战略之一。“一带一路”覆盖了国内18个省、自治区、直辖市，65个沿线国家、地区，包含政策沟通、贸易畅通、资金融通、设施联通、民心相通等五大领域。[①] 可见，“一带一路”涉及领域宽泛，关系到的国家、地区众多，将会影响到今后社会生活的方方面面。通识课可以涉及“一带一路”的每个侧面，因此可以为“一带一路”保驾护航。

（二）通识课教学是继承和弘扬中华民族文化的主要渠道

中华民族5000年文明发展史，文化遗产非常丰富，涉及政治的、经济的、军事的、外交的、科学的、教育的、自然的等等各个方面，这些文化造就了今天的中国，也是今后发展的力量源泉。这些文化遗产的传承和发扬不是某些专业的特权，也不是某些专业独自就可以做到的，这需要举全社会的力量，利用各种渠道共同完成，而其中主要的和高效的渠道首当其冲为通识课教学。

（三）通识课教学是实现高校素质教育的重要途径

素质教育受到国家、社会和广大学者的关注已经有很多年了。可是在落实过程中总会遇到这样或者那样的问题。主要原因就是素质教育这个词涵盖的内容足够宽泛、形式足够多样，以至于教育行政部门和学校都无法用统一的方式完全解决，而通识课教学以其选修方法自由、选择内容宽泛、教学方法灵活、教学时间不拘一格等优越性恰好可以满足素质教育的多种需求。

---

① 吴明海：《新丝路与民族教育发展战略的思考》，《民族高等教育研究》，2015年第1期，第7页。

二、《孙子兵法》通识课实施中存在的问题及原因

高校国防教育是增强民族凝聚力、提高全民素质的重要途径，是培养大学生国防意识和爱国主义情怀的重要途径，也是我国国防建设的重要内容，高校国防教育的效果不仅关系到大学生综合素质的提高，而且关系到国家安全和社会稳定的大局。根据三部委颁布的国防教育大纲规定，目前，我国普通高校开展国防教育普遍采取“军事技能训练、军事理论课教学和日常性国防教育活动”的三位一体的模式。为了落实国防教育相关政策，增强国防教育效果，各个高校开设军事题材的通识课，充实普通高校国防教育内容。比如《孙子兵法》“外国军事名著导读”“海洋安全教育”“现代兵器”等。2014 年 3 月，教育部印发的《完善中华优秀传统文化教育指导纲要》指出，“加强中华优秀传统文化教育，是深化中国特色社会主义教育和中国梦宣传教育的重要组成部分，是构建中华优秀传统文化传承体系、推动文化传承创新的重要途径。”① 在该文件的指导下，内蒙古师范大学开设了《孙子兵法》通识课，目的是从军事经典著作教育入手继续增强我校国防教育效果。希望通过这门通识课程的教学，弘扬古代经典军事文化，古为今用；传递孙子安全观、战争观，使普通高校学生将军事思想迁移到生活和学习中；进而树立一种现代国家安全意识、大局意识、全局意识。我校《孙子兵法》通识课实施 5 年来，选课人数累计达到 4000 人次，是深受广大学生欢迎的通识课之一。

不过，在《孙子兵法》通识课程实施过程中却也发现了一些问题。

第一，教学方法问题。多数情况下我们仍然是传统的教师讲授，虽然也引进了多媒体教学，但是仍存在与时代脱节现象。

第二，教学资源问题。随着《孙子兵法》通识课程建设水平的提高，我们也合作编写了《孙子兵法解读》作为通识课程教材，教师也会从多种渠道获得多样化的教学资源，不过仍然有与时俱进的空间。

① 中华人民共和国教育部：《完善中华优秀传统文化教育指导纲要》，2014 年。

第三，教学管理问题。根据学校的相关规定和多年的教学经验，在教学管理上也做了一些创新性尝试，但是效果不够理想。

第四，教学评价问题。受到班容量的限制，目前仍然是用从两次考试和上课出勤情况三个方面评定学习成绩，这种方式不能全面反映学生学习情况。

李克强总理在2015年政府工作报告中提出制定"'互联网+'行动计划"①，于是"互联网+"迅速成了各行各业热衷的名词，同时"互联网+"也在真实地改变着社会生活的各个方面，当然也包括普通高等教育，而且"互联网+"这种时代背景也成了普通高校教学改革的巨大推动力。此外，大学生思想活跃、接受新鲜事物能力强、崇尚自由、关注现实、强调自我，教学活动应更注重教学过程的互动，更加关注学生，而不是以教师为中心。目前，高校"互联网+教育教学改革"的方向既符合当代大学生特点，也顺应教育教学改革潮流。接下来，以《孙子兵法》通识课为例探究"互联网+"背景下的普通高校通识课教学改革对策，探索适合时代特点的教学方式、教学资源、教学管理、教学评价新方法。

三、《孙子兵法》通识课程改革对策

本文的研究重点是"互联网+"背景下的《孙子兵法》通识课教学改革。在研究这个核心问题之前需要弄清楚"互联网+"以及"互联网+"与普通高校教育的关系。

互联网已经是每个人耳熟能详的事物，更重要的是每个人都切实体会到了互联网带给我们的好处。那么，"互联网+"指的是什么呢？追根溯源，是腾讯总裁马化腾在2014年4月21日第一次公开提出"互联网+"的概念，他认为"互联网+"是一个趋势，"+"的是传统的各行各业②。之后，我们看到的是各行各业都和互联网建立了和正在建立千丝万缕的联系，每个人

---

① http://www.gov.cn/guowuyuan/2015-03/16/content_2835101.htm.

② 乔杉：《20年互联网带来的改变才刚开始》，《人民日报》，2014年4月21日。

都和互联网发生了和正在发生着千丝万缕的关系。种种迹象表明，教育教学也毫无悬念地进入了与互联网的联系中。所以就有了我们现在已经看到的“互联网+教育资源”“互联网+教学管理”“互联网+教学过程”“互联网+教学方法”“互联网+教育评价”“互联网+考试”……我们能想到的事物都已经被“互联网+”吸收了。

在“互联网+”成为社会大背景之后，大学生更是与互联网捆绑到了一起。不管你承认与否，也不管你认可与否，我们每个人都无法游离于互联网之外了。因此，普通高校教师也就围绕“互联网+”开始了新一轮教学改革，努力的目标就是在确保实现大学教育目标的同时，与时俱进的实现“互联网+教学方法”“互联网+教育资源”“互联网+教学管理”“互联网+教学过程”“互联网+教育评价”“互联网+考试”……经过了一些尝试，“互联网+教学改革”受到了高校教师的青睐，当然也存在一些问题。因此我们可以尝试利用“互联网+”改革课程的教学方法、教育资源呈现方法、教学管理方法、评价方法，以期提高本课程教学效果，并且在条件成熟的时候推广这种“互联网+教育教学方法”。

（一）借助“互联网+”，改变课堂教学方法

关于教学方法的界定，国内外学者看法不一致，大概有三种说法，即“教法优势说”“学法优势说”“教法与学法辩证统一说”。本文赞同“教法与学法辩证统一说”，将教学方法表述为“教学方法是教师与学生为了实现教学目的，完成教与学的任务，在教学活动中所采用的教与学的一系列有效策略和手段”。[①] 本文接下来论述的教学方法既包括教师教的方法，也包括学生学的方法。

长期以来，普通高校的课堂受教师主观意识的影响，一直延续老式的教学方法，即教师负责一讲到底，学生负责一听到底，教学过程就是教师对学生的单向传递知识的活动，其理想状态就是希望学生是录音机，老师讲多少学生学多少，教师是课堂的主宰者。尤其是面对班容量超过200人

---

① 郝保文主编：《教育学纲要》，远方出版社，2005年3月版。

的大班授课更是如此。随着“互联网＋”时代的到来，我们尝试改革这种教学方法，在“孙子兵法”通识课教学中，教师把“孙子兵法”教学过程分割为第一激发学习兴趣、第二背景知识讲解、第三古文原文解析、第四经典战例剖析、第五兵法规律拓展、第六总结提高创新六个阶段。从以往上课的经验得知，大学生对古代历史的了解、古文基础知识的认知和对一些经典战争的熟悉程度相差甚远，在课堂教学中教师不方便用统一的内容、统一的进度来统一要求学生。因此，第二、第三、第四个阶段均可以在教师的监控下，通过互联网自主学习完成。而第一阶段的激发学习兴趣、第五阶段的兵法规律拓展和第六个阶段的总结提高创新则需要教师结合课程内容创设探究主题，学生通过自主学习完成教师布置的探究主题。《孙子兵法》博大精深，每篇基本都可以创设一个或者多个探究主题来开发学生的自主创新潜能，提高创新能力。

总之，教师的教学步骤就是课堂上激发学生的学习兴趣，布置探究课题，课后学生通过自主学习完成背景知识的掌握、疏通古文原文的文意和经典战例剖析，再次回到课堂的时候完成兵法规律拓展并展示学生探究主题的创新研究成果，这种教学方法既解决了因材施教的问题、又充分调动了学生的学习主动性；既利用了“互联网＋”这一反应时代特点的工具，又保证了传统教学方法的教学效果；既继承了传统的教师讲授方式，又充分利用了探究、讨论、读书指导、合作学习、演讲法等多种学习方法。

（二）借助“互联网＋”，改变教学资源呈现方法

《教学大辞典》中将“教学资源”定义为“支持教学活动的各种资源”。按照不同的分类方法，教学资源可以分为很多种类。比如，按照资源对学生的学习过程发挥作用的方式，可以分为显性的和隐性的。前者比如报纸、期刊、音像资料；后者比如校园学习氛围、师生关系等等。按照资源的呈现方式，可以分为文本教学资源、音像教学资源、图片教学资源等；按照来源可以分为来源于网络的教学资源、来源于教材的教学资源等等。现代大学生乐于接受新鲜事物，而且接受新鲜事物能力强、速度快，

因此我们必须把反应时代特点的技术应用于教学。所以，本文重点探究来源于网络的和在网络终端呈现的教学资源，即所谓的“互联网＋教学资源”。

首先，是教学资源的选择。谈到“互联网＋教学资源”，可谓空前的丰富，其中除了文字、图片，还有丰富的影音资源。显然，资源是充足的。资源丰富本是好事，遗憾的是丰富的资源中充斥了那么多负能量的、虚假的、甚至是恶意编造的成分。从这个角度讲，教师的责任就在于把握资源质量关。教师要认真甄选宣传正能量的、真实反映客观事实的、健康的，并且与教学主题密切相关的课程资源推荐给学生。比如，为了说明兵法中的一个原理，从互联网中可以搜索到无数个战争视频资源，这些资源有的节选自某部电影或者某部连续剧，仔细研究就会发现，这些资源有的添加了导演对历史事实的个人理解，有的经过了军事爱好者的后期加工和技术处理，有的太长，有的太短，有的经过了翻拍效果极差，这就需要教师从这些资源中选择篇幅长短适中的、画面质量好的、基本能够反映历史事实的、或者有相对可靠资料可以佐证其相对真实可信的置于我们的学习交流平台。这就需要一个平台，即为了一门课程创建的师生交流互动的一个互联网平台，这一点有学校政策的支持就自然实现了。接下来，教师把甄选出来的资源上传至这个平台，供学习这门课的人群共享。

当然，网络平台的资源除了视频资源，还可以针对实际情况选择音频资源、图片资源、文本资源，同样都需要教师严把质量关。当然，我们还可以把这个平台建设成开放的系统，广泛地利用学生或者其他教师提供的资料以及不断学习的过程中获得的资源继续完善这个平台。

其次，是教学资源的开发。这项工作是非常艰难和枯燥的，同时也是建设好一门课所必须的。前面讲过，网络教学资源非常丰富。不过丰富不代表能够完全满足我们每一门课程的教学需求，尤其是“孙子兵法”教学，既需要注说文言文，又需要解读战争；既需要讲解文中的本意，又需要领会拓展意蕴，这就需要教师既要深刻理解并正确解读题中应有之义，还需要教师博学广识，跳出《孙子兵法》解读《孙子兵法》。从这个意义上讲“孙子兵法”课程建设是艰难的。同时，要完善“互联网＋教学资源”，有很多工作又是简单的重复，所以是枯燥的。比如我们要在平台上讲解一段古文或者教师亲自解读一段战例，就需要教师录课。教师录课看似简单的工作，而能够录出一段满意的课程是需要枯燥而且长时间准备才能完成的。

此外，我们身处少数民族地区，我们周围有很多地方性资源是独特的，也是网络上无法搜索到的，但却是少数民族地区高等教育不可或缺的，即所谓地方性教学资源。需要我们在生活、学习、工作过程中不断的总结、提炼，进而编辑成高质量的影音资源置于平台，服务于教学。比如，“孙子兵法”课程本身就是对高校国防教育的补充，而在少数民族地区教学中可以增加一些当地的红色资源作为“孙子兵法”课程和国防教育的补充。这就需要我们对我们生活的环境做细心的研究、观察，搜索其中的红色资源，置于平台，服务于教学。

再次，是教学资源的不断生成。“生成性教学是当前课程改革过程中出现的新的教学理念，与预成式教学相比，其更强调学习的自主建构，更强调教学的动态生成。”① 由于生成性教学的存在，就需要生成性教学资源。

正如生成性教学定义所论述的，适应生成性学习的教学资源应该更加丰富和完备，这样才能满足学生自主构建的需求，达到教学的动态生成，进而形成每个人独特的知识结构体系。尊重教育生态学规律，构建生成性教学资源库的时候充分考虑各类资源，比如心理的、文化的、自然的、社会的、有生命的、没有生命的都要充分考虑，并适当选择或者开发。

此外，尊重教育生态学规律，开发生成性教学资源。利用我们自行选择和开发的地方教学资源，采用多种形式开展教学，如课内研究，讨论，网络终端探究，课外考察、实践等，使教师真正成为教学活动的引导者与组织者；大学生成为教学活动的真正主体，改变教学模式，提高大学生的参与度。

当然，教学资源的开发与利用反过来也促进教学方式、内容的变革、

---

① 李祎、涂荣豹：《生成性教学的基本特征与设计》，《教育研究》，2007 年第 1 期。

更新，最后使整个教学过程更加完美，教学效果显著提高。

（三）借助“互联网+”，改变整个教学过程的管理方法

所谓教学管理，也就是按照一定目标，在某种管理思想指导或影响下，通过一定的教学组织形式和机构，对教学活动进行安排，加以规范，对教学资源进行合理调配和使用，以保证教学活动健康有序展开，以保证教学计划完成，保证教学质量稳步上升和教学目的的实现。[①] 众所周知，传统的教学管理，完全由教师组织、控制教学活动的全过程。而“互联网+教学管理”即互联网协助教师完成对教学过程的监控和管理，当然，不管任何条件下，教师确定目标、宏观调节教学管理过程的作用是不可否认的，也是必须坚持的。

互联网条件下，网络终端可以帮助教师完成相当一部分的管理。比如，学生考勤管理、基础知识的学习、教学讨论的完成、教学效果的反馈等等都可以通过互联网完成。这里说的考勤管理不只是学生是否到指定地点学习，还包括记录学生学习的内容、学习某一知识点所用时间等等。再比如上文所讲的《孙子兵法》古文原文解析同样可以在互联网终端完成，对于讨论话题也可以建立一个专题讨论群，教师可以作为一个旁观者，让学生选择自己喜欢的或者语音或者文字参与讨论，同时还可以匿名或者实名参与，这样更有利于学生真实反馈自己的观点。此外，为了确保教学全部计划达成，教师可以开设更多的线上课程。比如，根据我校的通识课立项规定，每门通识课教学周期为9周18学时，很明显，对于《孙子兵法》这样博大精深的古典军事著作学习来说，18学时是不够的，那么我们就可以把《孙子兵法》学习安排两个阶段完成，第一个阶段为线上线下混合式教学，顺利完成第一阶段学习而且有学习需求的学生可以选择继续完成《孙子兵法》第二阶段的线上学习，最后通过考核可以获得线上学习的学分。

---

① 张楚廷：《教学论概要》，湖南教育出版社，2000年12月版。

（四）借助“互联网+”，改变整个学习过程的评价方法

长期以来，高校最关注学期末的考试，自然多数情况下是书面考试，至于平时也会有成绩评定，多数情况下平时成绩评定的依据就是学生出勤情况和作业完成情况。这一做法已经坚持了若干年，对于公共基础课、通识课多数情况下也是这种评价考核方式。所以，有的学生会说，大学学习主要拼的就是每学期末的学习能力和考试能力。随着“互联网+”时代的到来，教育教学模式发生了翻天覆地的变化，上文就“互联网+”时代的教学方式、教学资源呈现方式、教学管理方式做了分析论述，那么“互联网+”同样给教学评价带来了诸多的变化。从评价方式上，除了通过考试、作业、考勤评价学生，还有通过学生参与讨论的情况做评价、通过对课堂行为观察做评价、对学生完成探究课题的完成情况做评价，最后归结为一个档案袋；从评价时间看有开学初的评价、过程中评价和学习结果评价；从评价所关注的角度看，有对学习能力的评价、对记忆能力的评价、对合作能力的评价、对组织能力的评价等等。

那么，我们把“互联网+”和评价结合起来又会有哪些新的评价方式呢？互联网可以帮助我们完成对学生参与网络学习每一阶段的评价，比如对学生参与网上学习的时间、内容、个人浏览偏好、完成的电子作业、参与的网上讨论、提交的网上测试题进行评价；有的是根据预设的程序，电脑自动实现评价，有的是借助网络终端教师手动完成评价。尤其是网络自动根据提交的作品完成评价，不但记录评价结果，而且详细记录学生完成作品的时间，还可以直接对一个学生的成绩自动、快速地进行横向、纵向的比较分析，从而了解学生一段时期中的学习状态以及发展倾向，从而对学生的未来发展可能性做出基本判断。

比如，曾经有一个学生在考试结束后对查询到的 69 分成绩提出异议，教师则通过调取网络终端的学生学习记录发现该生的成绩为 96 分。后来经过调取网络学习过程记录，发现在教师提交成绩后该生有重新刷新作业的记录，所以最后的成绩和公布的成绩是不一致的。但是，因为有过程性记录，避免了一次纠纷。这体现了“互联网+教学评价”优越性。

总之，信息世代的到来，给教育带来了很多新的攻关课题，也给教育教学尤其是大学教育带来了很多改革机遇。如果我们可以与时俱进，不断学习，用新理念、新思想、新技术武装自己，一定会给老课程带来新的生机；批判继承传统教学方法，一定可以创新适应学生和时代特点的新方法，保证大学教学质量的稳步提升和教学目标的高质量实现。

世界主要国家国防教育的基本特点及对我国的启示

陈 震 卢 伟 柳艳鸿 李 鹏*

摘　要：当今世界各国普遍把国防教育作为一项重要的社会性工程。他们在国防教育上采取的主要做法特点鲜明。这些特点对推进我国新形势下的国防教育工作，具有积极的启示和借鉴作用。在实际工作中，应注意积极借鉴吸收其中的有益做法，扎实推进我国国防教育水平的提升。

关键词：外国；国防教育；特点；启示

当今世界各国，尽管制度不尽相同、历史长短不一、国土面积有大有小、综合实力有强有弱，但基本上都把国防教育作为一项重要的社会性工程给予了高度重视，特别是许多经济大国比贫穷国家更重视国防教育，更崇尚民族自强精神，以此来激励国民走富国强兵之路。综观当今世界主要

* 作者简介：陈震（1976 年—），男，宁夏银川人，军事学硕士，国防大学国防动员系副教授，主要从事国防教育方面的研究；卢伟（1966 年—），男，吉林通化人，军事学硕士，国防大学国防动员系副教授，主要从事国防教育方面的研究；柳艳鸿（1974 年—），女，山西和顺人，军事学硕士，国防大学国防动员系副教授，主要从事国防教育方面的研究；李鹏（1981 年—），女，河北石家庄市人，军事学硕士，河北省军区政治工作局干事。

国家国防教育总体情况，分析归纳其基本特点，可以从“他山之石”中选出“攻玉”之料，为做好新形势下我国国防教育工作提供启示和借鉴。

一、世界主要国家国防教育的基本特点

国防教育是一种全面、综合性的教育，世界各国的国防教育都具有使公民在思想、智力、体制诸多方面获得全面发展以适应国防需要的功能。其基本特点主要体现在以下几个方面。

（一）注重培养国民心系国家安危的观念

引导国民认清国家安全形势，树立居安思危观念，是国防教育的基本目标。因此，许多国家都坚持通过各种形式的国防教育，引导国民认清国家面临的主要威胁和维护国家安全的重要意义，以强化危机意识，关心国家利益得失，自觉履行国防义务。

1. 利用国家所面临的安全环境教育国民

用危机感来激发国民对国家安全的重视，以增强国民的忧患意识，是日本国防教育的主要内容和主要形式。日本政府通过各种渠道，反复向国民灌输“日本是个自然地理不利因素较多的国家，国土面积狭小，易遭到来自各方向的登陆入侵；政治经济中心高度集中，在现代战争条件下十分脆弱；资源贫乏，绝大部分资源需从国外输入，海上交通线一旦被切断，国家将无法生存”等观念。这种危机教育，使日本国民保卫国家生存和发展的意识不断提高。

2. 利用国难、国耻教育国民

一个国家的国耻、国难，对国民伤害最深、影响最大，利用国耻、国难教育民众，是激发国民爱国热情、强化危机观念、心系国家安危的最生动和最有效的形式。许多国家都把国耻、国难作为对国民实施国防教育的重要内容，教育国民勿忘历史，珍惜今朝。美国将 1941 年 12 月 7 日（星期日）日本偷袭珍珠港的日子定为“国难日”，每年都要举行纪念活动，提醒人们居安思危，用以教育全民增强国防意识，激发国民建设强大的国

防。苏联除每年5月9日举行盛大规模的反法西斯胜利纪念活动外，还在每年6月22日凌晨4时（1941年6月22日凌晨4时30分，法西斯德国撕毁了苏德互不侵犯条约，未经宣战就向苏联发动了全线进攻），在红场无名烈士墓前举行纪念活动，并把这一天确定为“德国入侵苏联纪念日”，以教育全体国民不忘德国法西斯对苏联发动的全面突然袭击，警惕和平麻痹思想抬头。如今，这种活动已经渗透到了俄罗斯人民的心中，每年这一天的凌晨，人们都会点燃蜡烛自觉地聚集在无名烈士墓前，悼念烈士，警示后人。地处阿拉伯世界之中的以色列为了教育国民不要忘记历史，激发爱国热情和献身精神，政府和地方各部门每年多次组织国民到著名的耶路撒冷圣庙的“哭墙”面前，回顾千百年来犹太民族的悲惨命运；到第二次世界大战纪念馆观看纳粹大屠杀罪证，反思2000多年来犹太人流散各地遭受的苦难经历，向国民尤其是青少年宣传爱国主义。

3. 利用各种所谓“潜在的威胁”教育国民

美国等西方强国，往往从其自身利益的需要，为巩固其霸主地位，推行强权政治，抛出所谓“无赖国家”“流氓国家”，为自己制造假想敌，以诱导国民明确国家的安全形势和加强国防建设的重要性。“9·11”事件后，美国把恐怖主义定为威胁其安全的主要力量，主观臆断地指定阿富汗、伊拉克作为其主要打击对象，并把不听从其指挥的多个国家圈定为潜在的威胁，以“国家安全战略”“国防部长报告”等形式，将其基本判断不断传递给国民，培养国民的危机意识。

（二）广泛采取潜移默化的渗透式教育

国防教育形式是增强国防教育吸引力，提高国防教育效果的重要保证。许多国家并不是专门安排时间有组织、有计划地进行纯粹的国防教育，而是将国防教育内容全方位地渗透到各项活动中去，通过广泛开展丰富多彩的国防教育活动，使国民在耳濡目染中潜移默化地接受国防教育，增强国防观念。

1. 开展各种面向公众的纪念活动

重大节日、纪念日是开展国防教育的最好时机，也是开展国防教育的有效载体。每一个国家都有自己的节日和纪念日，这些节日、纪念日已成为世界各国进行国防教育的一种经常性活动。英国政府每年 11 月都在伦敦市举行隆重的阵亡将士纪念活动，女王、王室成员、内阁成员和社会民众共同参加，向阵亡将士献花圈，电视台进行实况转播。俄罗斯圣彼得堡（列宁格勒）是俄国革命的摇篮，历史上曾爆发过“十二月党人起义”、1905 年的第一次俄国革命、1917 年 2 月的资产阶级民主革命和 1917 年 11 月 7 日的十月社会主义革命。在卫国战争时期，列宁格勒的军民同德国法西斯进行了长达 900 个日夜的反围困斗争，使这座历史文化名城免遭德军炮火的毁灭，二战后荣获英雄城市称号。为了使人们居安思危，永远不忘血染的历史，如今，每逢这个城市的“突破封锁日”“解围日”“胜利日”，圣彼得堡全城都要举行各种形式的隆重纪念活动，追忆艰苦岁月，缅怀先烈事迹。该城有世界上最大的公墓，里面安葬着二战中英勇献身的烈士，尽管春去秋来，世事变迁，但英雄们的墓前常年鲜花不断。以色列的马萨达古城堡，位于死海之滨的马萨达山顶。公元前 73 年，近千名犹太人拒绝向罗马征服者投降，在这里坚守 3 年后集体自杀。现在此地已被作为犹太民族为自由而死的象征。以色列每年入伍的新兵都要到这里宣誓：“马萨达不会再陷落！”

2. 开展开放军营和全民性军体活动

美国将每年 5 月的第 3 个星期六定为“武装部队日”，将 5 月的第 2 个星期六至第 3 个星期六定为“武装部队周”，向公众展示军队的现代化装备，举行阅兵、招待会和飞行表演，增强公民对国防事业和武装部队的理解和敬意。法国有一项传统的军营开放日活动，不定期举行，面向全社会，主要是通过介绍部队荣誉史、展示部队装备和提供有关咨询，起到对公众进行国防教育的作用。法军驻地、番号、主要装备等情况有很高的透明度，并被列为国防教育的一项内容，有目的地向社会进行宣传。例如游客到位于地中海的土伦军港参观，导游会详细介绍停泊在军港中的各种类型舰艇及其主要装备、作战性能等，无形中给游人上了一堂生动的国防教育课。法国还坚持每年举行一次国庆阅兵式，并向全国现场直播阅兵盛况。此外，每当各地举办大型活动，也往往邀请军队或宪兵派军乐队演奏，或进行飞行、车技表演等。通过这些活动，不仅有利于鼓舞部队士气，增强军人荣誉感，同时也起到了密切军民关系，并对国民进行国防教育的作用。英国每年一次由国防部赞助、在伦敦和爱丁堡举行为期 10 天左右的大型综合军体艺术表演，海军每年一度的海军节（届时包括航母在内的军舰向公众开放供参观）、空军每年在一些地方举行飞行表演等，都吸引了大批公众特别是青年人前往观看，起到了宣传国防和军队的良好效果，也培养了一些青年人的从军意识。瑞士每年均举行 1—2 次全国性射击比赛、数次军事越野或武装马拉松比赛，每年还举行传统的妇女轻武器射击比赛。这些活动参加人数众多，范围广泛，影响深远。

3. 利用英雄人物和历史遗迹进行教育

世界各国人民对自己的国家英雄和民族英雄大都非常崇拜，利用英雄人物和历史遗迹开展国防教育，可以有效地培育民众的英雄情结，激发英雄主义和爱国主义情感。美国利用牺牲的英雄人物和对国家有卓著贡献的人物的名字命名城镇、街道、广场和单位，甚至命名于正在服役的飞机、战车和战舰等兵器。对在国防建设中做出重大贡献的先进模范人物，则将他们组成演讲团到全国各地巡回演讲。每年在征兵季节，美国政府广泛印发有关军队历史沿革，所经历的重大战役、战绩，著名将帅和战斗英雄的生平简介等资料图片，在广播、电视、报刊上反复宣传，社会上到处可以见到宣传站，宣传声势很大。英国在重要街道、广场都为有功将领塑像，在各地较大城镇都修建了永久性烈士纪念碑，纪念一战、二战阵亡将士和有功将领，以此提高国民的国防意识。俄罗斯在各大城市建造大型塑像、无名烈士墓、纪念馆和纪念碑，提醒人们时刻不忘国防；在全国许多大城市的公园、文化宫和博物馆陈列枪炮、飞机、坦克、舰艇和其他军事装备的实物或模型，由军人或专家向参观者讲解武器构造、性能、作用和操作方法等，使人们了解一般的军事知识。

（三）注重加强国防教育法规建设

用法律保障国防教育，依法施教、依法治教，已成为现代国防教育的一种世界性趋势。早在公元前 8 世纪，古希腊斯巴达就颁布了《国民军事教育法》，把接受军事教育作为每个人必尽的法律义务，这是有关国防教育方面的第一部法律。美国虽然是当今世界综合国力最强的国家，也非常重视通过立法来保证国防教育的开展。1958 年，当苏联第一颗人造地球卫星发射成功时，美国政府做出的第一个反应便是制定了《国防教育法》。美国政界和教育界称之为美国“教育史上划时代的文献”。时任美国总统艾森豪威尔在批准该法实施时曾写道：“通过这个法律，大大地加强我们美国的教育制度，使之能够满足国家安全所提出的要求。”这部《国防教育法》，对国防教育的目的、性质、任务、内容、形式、机构和经费等做了明确规定，使美国国防教育有法可依、有章可循。美国还专门制定和颁布了一系列动员法规和具有法规性质的动员计划。在组织保障方面，美国政府有《1947 年国家安全法》；在人力保障方面，有《普通军训与兵役法》和《武装部队预备役法》；在物力保障方面，有《战略与重要物质储备法》和《武装部队征购法》；在财力保障方面，有《联邦储备法》《战时物资发行委员会法》和《战时财产征用法》。此外，在武装准备保障、交通运输等方面，也都有专门的法律法规。瑞士政府为了使国防教育广泛、持久、正常地进行下去，已将其列入法制化的轨道，使法规成为树立国防观念的有效保证。早在 1944 年，政府就制定了“民防法”，以后又几经修改，并补充了与之配套的 17 种法律、法规，从而使民防工作的训练、经费、工程、队伍使用和物资储存等方面，都有法可循，既保证了国防教育与战备工作的实施，又促进了国防教育效果的落实。

（四）突出国民基本国防知识和军事技能教育

掌握基本国防知识和必要的军事技能，是国民履行国防义务的基础和前提。因此，世界许多国家都非常重视国民的国防知识和国防技能教育，通过军校培训、军训等形式，使国民掌握必要的国防知识和军事技能，以加深对国防和军队的认识和理解。

1. 利用军校进行培训

为确保政府官员对国防问题有深入的接触和了解，法国明确规定法军最高学府高等国防研究院在每期招生中，军官、政府高级官员和其他社会人士的比例各为 1/3。由此，许多官员通过有针对性的国防学习与研究，加深了对国防和军队的认识。

2. 广泛开展有组织的军训活动

英国主要采取军训的形式，提高青年学生国防素质，增强学生的国防意识。英国国防部预备役局在全国十余所大学设立陆军军官训练团、海军训练中心和空军飞行中队，分别负责所在地区大学学生的军事训练和宣传工作，解答对军事有兴趣的学生所提的问题。学生可自愿参加陆、海、空军组织的训练活动，训练时间安排每周一两个晚上或周末，假期集中训练一两周。部分中学也组织学生进行少量的军训活动，假期组织夏令营参观部队。法国规定从 1997 年 10 月起，所有 16—18 周岁的男性青年（女性自 2001 年起）都必须参加为期一天的“国防准备日”活动，其主要内容包括学习和了解有关国防目标、防务的组织及其手段、服志愿兵役的形式等。美国在全国 350 所高等院校设有 531 个后备役军官训练团，吸收学生自愿参加，结业后授予后备役少尉军衔，一部分服现役。为鼓励青年学生参加军训，美国专门设立了各种奖励制度，其中参加军训两年的大学三、四年级学生，最多可获得 2700 美元的奖励和补贴。俄罗斯规定，16—60 岁的男子和 16—55 岁的女子，均需接受民防义务训练。民防队员的训练由主管部门负责人领导，规定每月进行2—3小时的业余训练，每年进行 40 小时的脱产集训。对大中学校的学生，则根据宪法把国防教育和训练列为正式课程，并把军训成绩记入学生档案。1943 年，印度成立了一个以青少年为重点对象的、进行国防教育和军事训练的组织——国民学兵团。国民学兵团的活动在国防部由国民学兵团总监处（总监为少将衔）负责，全国分为 16 个国民学兵团区队，每个区队下设大队若干个，全国共有大队 91 个，每个大队下辖分队 6—7 个，其中每个大队至少要负责 1 所大学，每个分队要负责若干所中学。

3. 利用媒介宣传国防知识

随着科学技术的发展及其在传播媒介中的大量运用，传播媒介在国防教育中的地位越来越突出，已成为许多国家传播国防知识的主要渠道。美国除了依靠其发达的传播媒介不间断地向国民灌输“国家至上”“民族自豪”和“社会责任感”等思想观念外，还向国民广泛宣传国防知识。法国军队创办了十几种军事刊物，并且各军种都有自己的军事期刊，如《今日军队》、《陆军杂志》、海军《蓝领》杂志、《空军新闻》等，大部分以赠阅方式发往军内外，在书店里也能买到，各地大专院校也都能阅读到上述刊物。通过这些期刊，全面介绍军队的各种活动，广泛宣传国防知识。英国国防部通常一年一度发表国防白皮书，阐述英政府对安全形势的看法、国防政策、军队面临的使命和任务，介绍军队装备、军事建设情况、军事需求、军队建设存在的问题，加强军队建设的措施等，在公众中有很大的透明度，增进了公众对国防政策和军事建设的了解和认识。此外，创办各种军事报刊杂志向公众发行，让公众了解军队建设和军人生活情况。

（五）把国防教育作为国民的终身教育来抓

许多国家把国防教育看作是“精神防务”“心理防务”“首要社会勤务”，并把国防教育作为确保国家长治久安的基础工程，作为每个国民的终身教育长抓不懈。瑞士联邦民防局编发的《民防手册》从小学生到养老院的老人都人手一册，做到家喻户晓。美国政府认为美国的未来取决于青少年的素质尤其是国防素质，所以把国防教育重点放在青少年的教育上、放在未来国防人才的培养上。他们把培养的主要对象放在中小学生身上，不仅设有“候补军官军校”“候补军官候补生学校”，还在许多中小学开设“核知识”课，使青少年跟上核时代的步伐。中小学课程包括形形色色的军事、国防知识，课外活动项目也多与国防事业相联系。俄罗斯规定，20—70岁的公民，不分性别，均需接受法定的国防教育，即使不便行动的老人和妇女也要在家里接受国防函授教育。

二、世界主要国家国防教育对我国的启示

研究外国国防教育的特点，是为了取其精华，为我所用。其对推进我国新形势下的国防教育工作，具有积极的启示和借鉴作用。

（一）区分对象，突出重点，扎实推进普及教育和重点教育的有机结合

区分对象，突出重点是外国开展国防教育的通用做法，也是加强国防教育针对性、增强国防教育效果的有效手段。根据我国颁布的《国防教育大纲》中明确的各级领导干部、青少年学生、民兵预备役人员之外，把教师作为国防教育的重点对象，也正逐渐成为各级关注的重点。百年大计教育为本，教育大计教师为本。广大教师国防观念的强弱、国防素养的高低，直接影响和制约着青少年学生国防教育成效。今后的国防教育应做到育人者先接受教育、受到熏陶，储蓄好、净化好国防教育的“源头活水”。目前，我们在这四类人员国防教育的关注度上，与西方国家相比，还有很大的差距。下一步工作，要突出抓住以上四类重点对象，同时不能忽视其他类别人员的教育，真正做到普及教育与重点教育相结合。

（二）历史与现实结合，继承与创新结合，扎实推进国防教育内容的科学构建

国防教育的内容一般包括国防理论教育、国防精神教育、国防历史教育、国防形势教育、国防政策教育、国防科技教育、国防法制教育、国防常识教育和军事技能训练等内容。要根据国家历史、传统文化和国防面临的安全形势，做到历史与现实结合、继承与创新结合，科学构建好国防教育的重点内容。前文提到了以色列将危机意识作为本国国防教育的重点内容，就是着眼于国家安全与发展需要，依据国家现实国情和安全形势，突出强调生存危机是能不能在世界上有一块独立的立足之地的问题，将危机意识赋予了更具体和现实的内涵，做到了有的放矢，取得了非常好的教育效果。以此为借鉴，基于我国面临的严峻国家安全形势，当前在开展国防教育时，应该把海洋权益、反分裂教育、危机意识教育、大学生依法服兵役教育等内容作为教育重点，构建科学合理的内容体系。

（三）因地制宜，因材施教，扎实推进以讲求实施为核心的教育方法创新

开展国防教育，无论是采用传统方法还是新方法，其核心在于讲求实效。要通过扎实有效的教育方法把关心、支持国防的价值观内化于心、外化于形。正如习主席指出的“要注意把我们所提倡的与人们的日常生活紧密联系起来，在落细、落小、落实上下功夫”。弘扬关心国防、支持国防的价值观，理应从细处着眼、从细节入手，目标要细化、态度要细致、措施要细密，才能起到“随风潜入夜，润物细无声”的作用，这也正是习主席所强调的“落细”的深意所在。今后国防教育应在渗透教育方面探索更多的方法路子，因地制宜，因材施教，以耳濡目染、潜移默化、春风化雨般的方式将国防教育渗透到社会生活和学校生活的方方面面，争取达到“无教胜有教”的效果。实践证明，目前一些地方利用新媒体和网络开展国防渗透教育，前景广阔，大有作为，需要深化研究，拿出更切实有效的举措。

（四）加强法制建设，扎实推进国防教育依法组教、依法施教、依法治教的进程

国防教育法规制度能够保证国防教育的长期性、规范性和有效性。目前，我国已经初步形成了一个比较完整的国防教育法规体系。不仅在《国防法》《教育法》《国防动员法》《兵役法》等国家基本法律法规中对国防教育有相关的规定，而且制定了专门的《国防教育法》《全民国防教育大纲》《新形势下加强全民国防教育工作的意见》，有 31 个省级行政区还制定了大量地方性的国防教育法规，可以说已经初步形成了一个比较完整的国防教育法规体系。但从工作实践反馈看，工作中依法施教并不明显，国防教育的开展更多的是依靠政府调控和人情关系。这与国外依法开展教育的情况相比还有差距。应借鉴外国国防教育法制建设的好做法，大力推动我国建立完善配套的、具有一定操作性的地方性国防教育法规，同时很好地宣传国防教育法律法规。还要推动有关部门抓紧修订不合时宜的国防教

育法律法规和严格依法落实国防教育法律法规，从而真正实现国防教育依法组织、依法施教、依法治教。

（五）抓住根本，扭住关键，扎实推进以体制机制完善完备来促进教育水平的提升

一直以来，一些地区、一些群众国防观念和忧患意识还比较淡薄，和平麻痹的思想不同程度地存在；部分地方领导干部重经济建设、轻国防建设的问题比较突出，没有履行好国防职责；国防教育的普及面不够，在大中城市开展得好一些，在农村和非公有制企业相对弱一些；重要节日、纪念日活动开展得好一些，经常性的宣传教育不够；国防教育法的贯彻执行力度不够，缺乏有效的执法监督；大学生依法服兵役意识还不强。造成这些问题和差距的原因是多方面的，但从根本上讲，主要是国防教育体制机制方面的问题。领导机构不畅，机构设置多样，一定程度上导致有些工作沟通不畅、协调不力。同时，工作力量也比较薄弱。西方很多发达国家都非常注重发动社会各阶层、各部门的力量开展国防教育，形成了比较好的组织网络体系。如俄罗斯的国防教育是在中央政府的领导下，由学校各主管部门以及社会团体和协会共同协作进行的。瑞士的国防教育由各地的官方机构协作，社会、学校、军队、民防组织和各种宣传机构积极介入。

与此相比，我国目前尽管也有机构，但是体制不健全，机构不统一，工作运行机制没有完全理顺，有的设在军队系统，有的设在地方党委宣传部门，个别的设在地方政府部门。很多地区只有机构职能，没有人员编制。要解决体制机制这一深层次问题，军地要相互理解、互相支持，尤其是要采取特事特办的措施、非常规措施，真正解决长期困扰各级国防教育水平提升的机构人员设置等根本问题，真正调动广大国防教育工作者的工作热情，让国防教育这一“良心工程”变成“热心工程”。国家要抓紧制定出台深化国防教育改革的意见，从顶层上进行筹划，重点将对国防教育的领导体制、工作机制、机构设置和人员配备等作出规范，健全完善组织领导体系和工作运行机制，形成密切配合、齐抓共管的良好局面。此外，解决全民国防教育体制机制问题，仅仅依靠地方党委、政府、部队和学校

等有限的力量是远远不够的，可参照外国一些好的做法，汇集全社会各领域各方面的资源。我国一些民间力量建造的国防教育场所，组织的学生夏令营、开展的国防教育研究学术组织等，社会影响比较好。还有一些地方利用社会力量建立国防教育协会、基金会，作用发挥也很不错。国家有关部门要按照管理严格、开放有秩、可控可用的原则，借鉴国外经验做法，在国家和地方层面成立国防教育协会、基金会等，引导各地依法成立各类国防教育社会组织，探索走政府和社会相结合开展国防教育的路子。

参考文献

李保忠：《中外军事制度比较》，商务印书馆，2014 年版，第 20 页。

张进喜、陶劲松：《中外国防教育比较》，武汉理工大学出版社，2004 年版，第 15 页。

聚焦新型领域 加快调整军事理论课教学内容体系

乔俊建　佘本林　杨　洋*

摘　要：新型领域是国家安全的战略支撑和“命门”，主要涉及当前与我国安全紧密相关的太空、网络、海洋、深海、极地、生物、智能等领域。未来大国之间的战争，最有可能首先在新型领域爆发。加快把新型领域纳入军事理论课教学内容体系，增强新时代青年学生对新型领域的认识和了解，有针对性地培养提高他们的国防意识和军事素养，已经成为重大的时代性课题。

关键词：新型领域；军事理论课；教学内容

新型领域是国家安全的战略支撑和“命门”，主要涉及当前与我国安全紧密相关的太空、网络、海洋、深海、极地、生物、智能等领域。进入

---

* 作者简介：乔俊建（1980 年—），男，湖北襄阳人，军队管理学硕士，火箭军指挥学院讲师，主要从事国防教育、军队管理方面的研究；佘本林（1975 年—），男，河南泌阳人，军事战略学博士，火箭军指挥学院讲师，主要从事国防教育、军事战略方面的研究；杨洋（1975 年—），女，辽宁丹东人，军队政治工作学硕士，火箭军指挥学院副教授，主要从事国防教育、军队政治工作方面的研究。

21世纪，国际战略格局重大调整，国际力量对比深刻变化，大国博弈日趋激烈。特别是在军事领域，高新技术迅猛发展和颠覆性技术持续突破，推动了新型领域的快速发展，新型作战力量建设成为军事领域跨越发展的增长极，世界军事革命的新一轮浪潮正在到来。人类社会每一次重大的技术创新和突破，都极大拓展了实践活动的领域和空间，也极大拓展了国家安全的内涵和外延，不断充实完善了国防教育的内容体系。未来大国之间的战争，最有可能首先在新型领域爆发。加快把新型领域纳入军事理论课教学内容体系，增强新时代青年学生对新型领域的认识和了解，积极抢占新型领域这一未来战争的制高点，做好新型领域人才储备，已经成为重大的时代性课题。

一、充分认识新型领域在国家安全中的战略地位，加强对调整军事理论课教学内容的紧迫感

（一）新型领域是国家安全的战略支撑和“命门”

新型领域是相对于传统领域而言的，其内涵是随着时代发展而不断发展变化的。在军事斗争中，新型领域往往超越传统领域，具有天然优势，先人者就能占据有利态势，就能把握战略先机，进而掌握规则制定权，赢得战略主动。人类社会每一次重大的技术创新与突破，都极大拓展了实践活动的领域和空间，也极大拓展了国家安全的内涵和外延。以新一代太空、网络、深海、生物等技术为代表的新技术群，使人类实践活动达到了前所未有的深度和广度。太空、网络技术使人类进入前所未有的高边疆、新边疆，深海、极地和生物等新领域新技术使人类进入前所未有的深边疆、远边疆和微边疆，导致世界政治、经济、军事、社会、文化等全方位的历史性变化，从而引发思想观念、战争形态等方面的根本性转变。新型领域的利用和控制，对国家安全与发展具有至关重要的影响，甚至决定国

家的前途命运①。

一方面，新型领域是国家安全和发展的战略支撑。目前，太空、网络等已成为国家政治、经济、军事和社会生活有效运转的基础性支撑。比如，随着互联网的广泛运用，网络空间已经成为社会发展的新支柱和国家安全的新领域。太空提供的导航、通信、气象等信息支持是社会生活正常运转的前提和基础。海洋是我国可持续发展的重要依托，是我国由大向强、走向复兴的必经之路。在相当长的一段时间内，我国的安全威胁也主要来自海上。正如习近平指出的那样："面向海洋则兴，放弃海洋则衰"，"海权是决定我们国家和民族命运的重要因素"。

另一方面，新型领域也是国家安全的软肋。国家越发展，对新型领域的依赖性越强，新型领域安全的脆弱性就越突出。目前，世界各国的政治、经济和军事发展都高度依赖网络，而网络领域又具有高度开放性，攻击门槛很低、破坏性极大。如果不能有效维护网络安全，就容易成为国家安全的"阿喀琉斯之踵"。太空领域也非常脆弱，目前基本处于不设防状态，但具备太空攻击手段和能力的国家却越来越多。美国在进行多次"施里弗"太空演习后得出结论："如果太空系统受到破坏，国家防御体系就会崩塌；针对太空的攻击，几乎没有办法防御。"② 可见谁掌控了网络、太空等新型领域，谁就能真正掌控国家的新"命门"。

（二）新型领域正孕育着新的战略威慑力量

首先，新型领域的战略威慑力来自技术上的颠覆性和巨大的破坏力、杀伤力。凭借新型领域技术优势和跨域优势，强者可以对弱势一方实施强大的战略威慑③。目前，美、俄等军事强国都在大力发展新型领域颠覆性技术，以获取新的战略威慑力。例如，美国正在研发全球即时打击武器，其中 X－51A高超声速飞行器，速度达 5—20 马赫，能在 1—2 小时内打击

---

① 张仕波：《战争新高地》，国防大学出版社，2017 年 1 月版，第 1 页。

② 美军参联会、空军、陆军编，李智、侯妍、张占月译：《太空作战》，国防工业出版社，2014 年版，第 55 页。

③ 张仕波：《战争新高地》，国防大学出版社，2017 年 1 月版，第 3 页。

地球上的任何一个目标。美国的 X－37B 空天飞机，能够长期在轨飞行，既可用作天基指挥控制平台，也可用来反卫星，还可发射导弹和激光实施对地快速打击。美军估计，全球快速打击系统一旦完成部署，将具备摧毁俄罗斯 95% 战略力量能力，其巨大战略威慑效应可见一斑。2016 年 4 月，俄罗斯成功测试了高超声速无人飞行器 Yu－71，可携带核弹，打击美国纽约只需 40 分钟，而且可机动变轨，具有极强的突防能力。与此同时，美国正在研发的“基因武器”，可对某个种族进行毁灭性攻击，这种破坏力是任何传统武器都难以企及的。这些技术的开发运用，将颠覆传统武器的杀伤机理，改变现有战争时空观念和战争规则，具有慑人心魄的战略威慑能力。

其次，新型领域的战略威慑力还源于自身防御的脆弱性。新型领域具有突出的杠杆作用：一方面，表现为强者对弱者的战略威慑；另一方面，弱势一方也可利用新型领域的局部或相对优势，对强者形成非对称战略制衡能力。目前，许多国家包括一些中小国家正在利用太空、网络、生物等领域的开放性，积极发展这些领域的非常规手段和能力，以形成对强国的战略反威慑。美军在《2020 年联合构想》中指出：“非对称手段出现的可能性也许是美国即将面临的最重要的危险。”比如，美国太空和网络能力都是世界上最强的，但其也承认这是它最为脆弱的领域。美国现任空军航天司令部司令海顿说：“如果不能利用太空，美国的军力将迅速下降，甚至回到第二次世界‘工业时代的战争’。”基于网络领域面临的非对称威胁，美国《网络空间国际战略》也明确提出：“只要网络上对美国进行打击，美国有权利用任何手段，包括军事手段进行还击，而且攻击可以是先发制人的。”

（三）新型领域的进入与控制决定未来战争的胜负

美国“星球大战”的倡导者格雷厄姆说过：“在整个人类历史上，凡是能够最有效地从人类活动的一个领域迈向另一个领域的国家，都取得了巨大的战略优势。”[①]战争实践反复证明，新型领域控制权决定着所有传统领域控制权，谁控制了新领域、新空间，谁就能取得战场优势，赢得战略

---

① 张世平：《美国战略透析》，军事科学出版社，2012 年版，第 135 页。

主动。人类进入航海时代，海洋和海上通道重要性凸显，海权往往决定国家的前途和命运。进入航空时代，大气空间成为战略制高点，制空权成为决定战争胜负的关键。第二次世界大战以来的战争实践证明，制空权在很大程度上制约着制海权和制陆权，特别是在科索沃战争中，以美国为首的北约联盟依靠制空权，运用精确打击武器彻底摧毁了对方的战争意志，达到了战争目的。

随着信息时代到来，太空、网络等新型领域的重要性日渐突出，制天权、制网权成为夺取信息优势、赢得信息化战争的关键。从近期几场局部战争看，作战行动都是首先从信息网络领域展开，目的就是要削弱甚至剥夺对手的信息控制能力。俄罗斯在2008年俄格冲突中，首先对格鲁吉亚实施网络攻击，有效瘫痪了其信息网络系统。2011年的利比亚战争，美军也是首先利用“舒特”系统，对利比亚军队指挥控制和防空预警系统发动攻击，致使利军门户洞开、不堪一击。美军“空海一体战”构想，首先就是致盲作战，通过攻击卫星、网络系统，彻底瘫痪对手预警与指挥控制网络体系。

随着深海、极地、生物、智能等领域战略新兴技术的持续突破，战争空间将进一步向这些新型领域延伸，作战领域由三维向多维、由有形向无形拓展，制深海权、制生物权以及智能领域的领先地位将成为战争制胜新的关键。掌握新型领域颠覆性高技术手段，并能迅速制造出高性能武器系统的国家，将成为传统优势的“颠覆者”。

二、深刻理解新型领域给未来战争带来的深远影响，拓展军事理论课教学新疆界

（一）新型力量将使军事力量体系发生革命性变化

人类战争史表明，新型领域作战力量的发展，推动军队战斗力质的跃升，推进战争制胜机理深刻演变，重塑军队组织形态和军事力量体系，进而引发战争形态和作战样式的变化。

新型领域力量将成为战争主导。新型领域力量是新质战斗力主要载

体，是军事力量跨越发展的增长极，是传统力量发挥作用的“倍增器”，在未来战争中将发挥决胜作用。网络攻防力量已成为联合作战体系对抗的核心支撑；无人作战系统将提升作战行动的智能化水平，高超声速武器将作为未来实施远程战略打击的“撒手锏”，定向能武器有望成为防空反导新型作战手段，等等。随着新型领域力量的发展壮大，新的军兵种将不断涌现，并重塑现有军事力量体系。例如，天军、网军可能会成为比传统军种更为重要的军种，由战略支援力量变成主体作战力量；无人机部队、机器人部队、深海战部队、生物战部队等将应运而生。

军队组织形态将进行体系重塑，以适应新型领域引发的战争形态、作战样式的革命性变化，军队的规模结构、体制编制、指挥体制和保障机制都将发生根本性变革。新型领域力量发展将极大提高作战效能，使部队规模日趋小型化。美国军事理论家约翰·阿尔奎拉说：“采用电脑化战争手段，所需兵力只是敌人兵力的1/10，蜂群作战原则将替代空地一体作战原则，电脑化战争意味着规模小、部署分散的部队”，“网络化和蜂群战术是开启组织结构转型和作战理论革新大门的钥匙”。随着新型作战力量比重大幅增加，某些传统军兵种将进一步萎缩，甚至退出历史舞台。同时，随着作战指挥手段网络化、智能化，指挥体制将进一步扁平化、一体化，物资、技术、信息和人力等重要资源与军事力量的融合程度将愈发紧密，战争保障将向基地化、无人化、精细化发展。

军事实力对比将需要重新定位。机械化战争时代，评估一个国家军事实力强弱的依据，往往是其所拥有的飞机、坦克、舰艇等数量和质量。信息化战争时代，衡量一个国家军事实力强弱的依据，主要是武器装备数字化、网络化、精确化的程度。随着新型领域力量快速发展和广泛运用，将推动战争形态向后信息化战争演进，未来衡量一个国家军事实力强弱的依据，主要是新型领域力量所占比重及其智能化、微纳化、生物化程度和水平①。一旦纳米激光器、反水雷无人潜航器、基因武器等新机理武器研制成功并投入实战，带来的物理和心理冲击将不亚于核武器，并将深刻影响和改变军事

① 欧阳维：《战略部署论》，解放军出版社，2011年版，第67页。

实力的对比，进而使战斗力生成模式和评估标准发生根本改变。

（二）新型作战样式将引领战争转型

基于新型领域作战效能及特殊制胜机理，未来战争将首先在新型领域进行，并催生出太空战、网络战、深海战、智能战等许多新的作战样式，带来作战思想、作战方式和力量体系的革命性变化，战争形态将向“无人、无声、无形”趋势发展，推进新军事革命向更高层次演进。

回顾海湾战争以来的现代局部战争，太空、网络等新型领域已经从战争配角走向主角，从后台走向前台，深海、智能、生物等领域也崭露头角。可以预见，未来战争中新型领域的地位将不断提升。各军事强国已经将目标瞄向了新型领域战场。比如，针对中、俄等大国的“反介入/区域拒止”能力的不断提升，美军已将原来的“空海一体战”改为“全球公域介入与机动联合”概念，意在夺取海洋、天空、太空、网络等全球公域的战略制高点，来削弱对手在传统领域不断增长的能力。美军正在推进的“第三次抵消战略”，更是试图通过发展颠覆性技术，创造新的作战样式，改变战争的游戏规则。

目前，随着信息化的深入发展，智能技术向军事领域全面渗透趋势日益显现，智能应用在战斗力要素构成中的地位作用将大幅跃升，战斗力生成模式将从物质、能量和信息主导向智能要素主导转变，未来很可能出现智能主导型战争。正如美国国防部常务副部长沃克指出的，“机器人战争的时代很快就要到来，美军现在就应该开始为这个不太遥远的未来——机器人时代的战争——做好准备。”

（三）新型领域发展将深刻改变人们对战争规律的认识

新型领域迅速发展，正在极大改变着战争的面貌，同时也极大改变着人们对战争的认知方式和行为方式。

从战争观念看，传统的战争哲学是“大吃小”，现在的战争哲学是“快吃慢”，未来的战争哲学很可能是“新吃旧”。太空战、网络战、深海战、智能战、生物战等将彻底颠覆现有战争观念，很多传统理念和战争理论将面临根本性挑战。

从战争目的看，农业时代战争主要是争人、争地，工业时代战争主要是争海、争空、争能源；进入信息时代，战争主要是争太空、争网络、争信息；未来战争除了太空、网络、信息外，还要争智能、争深海、争生物。随着新型领域发展，战争目的将从对有形资源的争夺向对无形资源的争夺演变。

从战争方式看，传统战争一般通过大规模交战、大量消灭敌方有生力量、占领敌方领土的方式来实现战争目的。现代战争主要通过夺取制信息权、远程精确打击、作战体系的方式达到战争目的。未来战争将通过太空战、网络战、智能战、生物战等，以全域多维、跨域攻击的方式实现战争目的。传统的暴力行动将向隐打击、软杀伤、控意识等方式演变。

从战争效能来看，农业时代将冷兵器效能发挥到极限，工业时代将机械化兵器效能发挥到物理极限，核时代将热核兵器效能发展到了极限，信息时代通过融合把常规武器体系作战效能推到极限。未来战争将突破物理、认知和心理极限，战争效能将从物理毁伤、化学毁伤，向信息毁伤、心理毁伤方向演进。

正是由于新型领域的快速发展给国家安全、军队建设和未来作战带来的全方位革命性的影响，在军队之外的地方院校青年学生群体中，有计划、有步骤地开展新型领域的针对性教育，拓展军事理论教学的新疆界，为国家、为军队储备一大批具有新型领域竞争意识的人才，成为一个重大的时代性课题。

三、准确把握新型领域特征内涵，加快调整军事理论课教学内容体系

（一）紧跟新型领域发展，及时更新教学内容，增强教学的新颖性

教学内容在教学系统中具有基础性、主导性的地位，是决定教学成败

的重要因素①。军事理论课是思想性、知识性、科学性的统一体，是不断发展的。这就要求教学部门要适时地将军事理论发展的最新成果纳入教学之中，与时俱进优化调整教学内容②。及时准确地向学生讲述国防和军队的最新发展是军事理论课教学的一项重要任务，也是军事理论课充满生机活力的根本保证。在实际教学过程中，军事理论课教学指导部门和一线教师要结合新型领域的发展情况，不失时机地调整课程设置，完善教材体系，更新教学内容，确保新型领域每发展一步，军事理论课教学就跟进一步。

1．及时调整课程设置

教学内容是开展军事理论课教学的具体抓手，要紧密结合新型领域发展，制订普通高等学校军事课程建设标准，修订普通高等学校军事课教学大纲和高中阶段学校学生军事训练教学大纲，科学规范教学内容，及时调整教学设置，为有针对性地开展新型领域教学打好基础。每当新型领域有了重大发展时，军事理论课教学指导部门就要按照及时跟进、动态更新、立体展开的思路，开设新课程、改造老课程、形成新体系，从军事理论课程总体设置上保证新型领域内容能够及时进入教学实施环节。

2．精心编写新教材

好的教材是保证军事理论课教学质量的基本前提。为保证新型领域的最新发展及时进入军事理论课教材，军事理论课教学指导部门要按照“定时更新、系统进入”的要求，紧贴发展动态、紧贴课程设置、紧贴学生需求，总结吸收新型领域的最新发展成果，构建全面体现军事理论前沿、具有鲜明时代特征，集课内教材、课外教材于一体的军事理论课教材体系。

3．充实完善教学内容

要按照“课程为主、课外渗透、全面融入、贯穿始终”的原则，精心构筑军事理论课教学内容体系，在所有军事理论课版块内容教学中都进行融合穿插渗透，充分体现新型领域发展要求。在具体实施过程中，要以目

① ［日］佐藤正夫著，钟启泉译：《教学论原理》，人民教育出版社，1996 年版，第 18 页。

② 《中国大百科全书·教育》，中国大百科全书出版社，1985 年版，第 108 页。

前的《军事高技术》版块教学为重点，对新型领域的内涵特征、最新进展、发展趋势、未来影响进行全面系统讲述。其他版块教学，结合教学内容特点，有针对性地融合渗透。各个版块教学，找准切入点，搞好结合渗透，着重体现新型领域发展的最新情况。

（二）紧扣学生关注的热点问题，及时解疑释惑，增强教学的针对性

使新型领域的最新成果进入学生头脑，厚植学生的科技素养和科学思维，是使新型领域尽快进入军事理论课教学的出发点和落脚点。在实际教学过程中，要始终坚持以教带研、以研促教，紧贴新型领域发展趋势、学校专业特点和学生个人实际，着力回答和解决学生关注的新型领域相关问题，形成“带着问题来、针对问题教、装着收获回”的教研学互动链，确保新型领域进入军事理论课教学这一目标真正落到实处。

1. 广泛发动学生，找准热点问题

开展针对性教学研究是讲好军事理论课的重要前提。要在军事理论课教学实践中找课题，坚持把学生关注的热点问题作为军事理论教学研究的重点和教学实施的着力点。每学期开学，灵活运用召开学生座谈会、开展问卷调查、进行网上征询等方式方法，及时了解学生对新型领域的关注情况。同时，在教学中鼓励学生积极思考，大胆提出问题。比如，在网络安全教学中，可以将学生关注的一些日常生活中的网络安全热点作为教学研究的切入点，增强网络安全教学的针对性。在海洋安全教学中，结合当前我国面临的东海、南海问题，摸清学生的关注点，增强海洋安全教学的实效性。

2. 组织集智攻关，破解热点问题

对在调研中梳理出的教学热点问题，要组织一线教学人员，打破专题界线，在单位内部整合力量，成立由骨干教师领衔的课题攻关小组，在保密的前提下，从理论和实践的结合上作出有说服力的回答，不断推出高质量、高水平的精品专题，切实把拟开设的新型领域的每一个授课专题都研究得清清楚楚，做到上讲台的每一个专题内容都经得起推敲、经得住学生

发问，敢于接受时间检验。

3．搞好成果转化，增强教学效果

在找准热点、集智攻关的基础上，院校教学单位要将精心打造出来的精品专题及时纳入教学计划，引入课堂教学，通过课堂讲授、研讨互动、集中答疑、热点问题大家谈等方式方法，引导学生各抒己见、展开交流，对一些热点问题形成共识，使学生掌握新型领域发展的基本脉络和辩证思维方法，进而达到学习知识、武装头脑、提高素质的目的，真正在每名学生头脑中都厚植下对新型领域发展极端重要的沃土。

（三）着眼新型领域教学要求，提高师资科技素养，增强教学的实效性

哈佛大学前校长、著名高等教育学家柯南特先生曾说过：“高校的荣誉不在它的校舍和人数，而在它一代又一代素质优良的教师，一所学校要站得住脚，教师一定要出色。”[①]实现新型领域内容尽快进入军事理论课教学的关键在于提高军事理论课教学师资队伍的能力素质，要灵活方法、综合施策，筑牢军事教师开展新型领域教学的科技素养和科学思维。

1．积极营造氛围、创造条件，增强军事教师提高科技素养的自觉性

在具体方法上，要有组织地引导军事教师学习最新的科技知识，定期向军事教师推荐一些有代表性的科技前沿读物，提供当今世界各国尤其是主要发达国家的科技发展战略和重大科技政策，介绍国内外最新科技发展动态和重大科研成果及其对国防和军队建设的重大影响等，让军事教师及时掌握相关信息。在此基础上，还要积极营造内部文化氛围、配套学习激励措施，从文化上、从制度上，不断调动激发军事教师学习了解科技知识的自觉性，形成军事教师个人愿意学、配套保障学、制度促进学的良好机制，为高质量开展新型领域教学提供支持。

2．采用多种方式整合资源，为提升军事教师科技素养积极创造条件

一是大力整合学习培训资源。把科技知识学习培训纳入军事教师学习

① 柯南特：《知识的堡垒》，美国耶鲁大学出版社，1956 年版，第 39 页。

培训计划之中，采取新型领域专家学者现场讲学、赴高新技术公司参观见学、教学人员之间相互研讨深学等形式，为军事教师学习培训搭建良好平台，使之长期化制度化。二是大力整合现代传媒资源。一方面充分利用新媒体覆盖面广、传播速度快、信息量大和受众易于接受的特点，专门开设相关栏目，介绍国内外科技发展的最新信息。另一方面，组织力量编写出版适于军事教师阅读的科普读物；院校报刊、广播电台、电视台应开办固定科普栏目，打造科普宣传的品牌，有效地利用现代传媒技术，制作形式活泼、构思新颖、制作精良、吸引力强的科普作品，激发军事教师关注关心科技知识和科技发展的热情，潜移默化地提升军事教师的科技素养。

3. 发挥职能部门引领作用，为提升军事教师科技素养提供坚强保障

军事理论课教学职能部门，一方面负责研究制定任务规划、课程标准和教学大纲；另一方面也负责军事理论教师能力建设，在军事教师科技素养提升中起着重要作用。在国家和省级教育机关层面，要加强顶层设计，摸清底数、了解需求、抓住重点，制定专门的军事教师科普规划。明确科技培训在军事教师教育培训中所占比重，加强考核督促，为提高军事教师科技素养做好制度保障。在院校具体落实层面，教学指导部门与单位要与军事教研室通力协作，加强精细化教育实施，根据不同经历、不同学历、不同年龄军事教师的特点，分阶段、分层次、分类别进行科普教育，因人施教、精准教育，加强针对性、提高实效性，尽快提高军事教师的科技素养。

（四）突出新型领域教学质量，完善制度机制，增强教学的规范性

抓好新型领域内容进入军事理论课教学的关键，是要配套完善组织协调、教学专题准入（退出）、跟踪反馈等制度机制，突出教学质量监控，切实增强新型领域教学的规范性。

1. 建立高效顺畅的组织协调机制

明确军事理论课教学职能部门、院校教学单位、军事教研室和辅导员职责，形成教学职能部门统揽、院校教学机关主抓、军事教研室落实、辅

导员协力的“四级联动”机制。军事理论课教学职能部门负责抓好统筹谋划，研究制定任务规划、课程标准和教学大纲；院校教学单位负责抓好计划协调、检查监督，提供有力保障；军事教研室抓好教学实施，组织开展备课试讲，提高新型领域教学效果；辅导员负责抓好一线情况反馈。各级各司其职，形成一整套高效顺畅的新型领域教学闭环组织协调机制，做到有宏观筹划指导、有具体监督实施、有末端有效落实。

2. 建立科学规范的教学专题准入（退出）机制

实行新型领域教学专题准入管理，明确各类教学专题进入课堂审批权限，严格按照标准进行准入审查。建立新型领域课程预警与退出机制，完善课程学习统计和评价功能，将学习活跃度、测评满意度较低的专题列入预警名单，对整改无效或不适应新型领域教学需要的教学专题作退出处理。建立常态反馈、定期评估、及时更新的新型领域教学专题联动开发机制，及时用前沿理论、发展动态、高新装备、热点问题更新充实课程体系和内容，提高新型领域教学的时代感和时效性，做到“让学生爱听、听后有用”，保证新型领域教学质量。

3. 建立开放互动的跟踪反馈机制

运用互联网技术、大数据技术，借助大学的各种数据库了解教学班次学生的相关情况，为针对性教学提供数据支持。比如在学工系统上了解学生的学习专业、成长经历，进而因人施教、精准教学；借助一卡通系统，掌握学生的进出图书馆情况以及借阅图书类型，进而从侧面了解学生的关注重点，为针对性教育引导打下基础。在数据分析的基础上，军事教师还要加强与辅导员的对接交流，定期深入到学生中去，及时跟踪掌握学生的学习情况，搞好汇总分析，有针对性地常态更新教学内容，改进教学教法，不断提高新型领域教学效果。

高校国防教育课程对话教学应用初探

徐昭东*

摘　要：目前我国高校国防教育课程的主要问题是教学方法和课程内容的单调与大学生丰富多样的需求之间的矛盾。为使高校国防教育获得预期的实效，本文探究了对话教学在国防教育课程的应用，以对话教学的形式提出高校国防教育课程的教学方法，同时发挥对话教学的特点，打破教材制约，拓展国防教育课程的内容范围。据此设计了情感态度—知识—价值观三级目标，根据不同目标和一定的逻辑要求选择相应的课程内容，将教学组织形式分为对话前的准备、对话的实施和对话后的总结三个阶段。在此基础上，概括性地提出了五条对话教学策略，即源于《教学大纲》的师本对话、体现专业性的师师对话、运用先行组织者的师生对话、基于自主学习的生本对话、引入热点问题的多主体对话。以期改变国防教育课程效果不力的现状，为其发展注入新的活力。

关键词：高校国防教育；国防教育课程；对话教学；对话

---

* 作者简介：徐昭东（1995 年—），男，安徽蚌埠人，淮北师范大学硕士研究生，主要从事国防教育课程与教学方面的研究。

自1984年第二部《兵役法》颁布伊始，我国国防教育与高校的联系日益密切，《国防法》《国防教育法》和《普通高等学校军事课教学大纲》（以下简称《教学大纲》）等法律和文件的出台，不断为高校的国防教育发展牢筑根基。然而在高校国防教育几十年的发展历程中，各种问题层出不穷，主要包括大学生对国防教育态度冷淡①、国防课程内容缺乏时效性②、师资匮乏且专业性不强、国防教育课程教学方法单一、高校对国防教育的学科定位不准确且重视程度不够等方面③，其中最亟待解决的是国防教育课程教学方法和内容的单调与大学生丰富多样的需求之间的矛盾。灌输式的讲授法冲淡了大学生对国防教育课程的兴趣，而教材内容的滞后不同程度地阻抑了教师投入国防教育课程中更多的精力，导致教师“照本宣科”，学生“心不在焉”的局面。据此，诸多学者提出将“启发式”“交互式”“讨论式”“案例式”和“导研式”等教学方法引入国防教育课堂，目的都是为了提高教师与学生的参与度，通过广泛深入的交流互动进行知识的探究和情感的升华，以期提高课堂教学的实效。对话是课堂教学中最基本的交流互动形式，对话教学无疑是提升高校国防教育课程质量的一味良方。

一、对话教学在高校国防教育课程改革中的作用

对话教学是一种以师生地位平等和相互尊重为基础、以师生和生生间的互动对话为主要表征方式的教学活动。④ 对话教学在中西方的教育史中都有着很深的渊源，苏格拉底的“产婆术”和孔子的“不愤不启，不悱不发”都是对话教学的典范。而在其漫长的发展历程中，对话教学经由马

① 朱正奎：《大学生军训的德育功能分析》，《教育探索》，2009年第8期，第134—136页。

② 蔺玄晋、尹建平：《普通高校军事理论课程教学方法和教学手段研究》，《内蒙古师范大学学报》，2017年第8期，第128—131页。

③ 李公根、朱书卉：《基于协同学理论下高校国防教育工作的创新机制探析》，《中国教育学刊》，2015年S2期，第43—44页。

④ 萧正德：《对话教学研究十年回顾与反思》，《高等教育研究》，2006年第4期，第68—73页。

丁·布伯和保罗·弗莱雷等学者的发展，又被赋予了更深层次的意义。

高校国防教育课程是依据有关法律和文件，针对普通高校在校大学生设置的一门必修课。其目的是以国防观念和国家安全意识为核心，培养大学生的爱国主义观念，提高大学生的综合素质，为国防事业培养潜在人才和后备力量。①“国无防不立”，高校国防教育是全民国防教育的中坚力量，高校国防教育课程肩负着巩固和发展国防事业的使命和责任。

然而，国防教育课程在实施过程中，教学手段的单一和课程内容的单调，已然成为制约国防教育课程发挥实效的巨大阻碍。对话教学应用于国防教育课程，既可以丰富国防教育课程的教学形式，又可以延展国防教育课程的内容范围。也就是说，对话教学可以为高校国防教育的改革注入新的活力。

（一）对话教学之于高校国防教育课程教学形式的创生

大学生作为接受国防教育课程的主体，具有强烈的对话品性，他们的自我意识强烈，排斥各种形式的灌输和操控，向往自由、活泼、民主、对话的教学方式。② 对话教学鼓励师生在对话中反思并建构新的知识和观念体系，冲破师生授受对学生的枷锁，使学生认知和情感获得升华，同时也促使教师教学相长，有助于其专业的发展。对话教学应用于高校国防教育课程中，创生了高校国防教育课程新的教学形式，使高校国防教育不再拘泥于枯燥乏味的灌输，进而迸发出新的生机。大学生具有鲜明的个性特征和独立的人格意识，对被动灌输有着明显的抵触心理，而对话教学颠覆了传统教学的非人性特征，以“去容器化”的优势抓住了大学生的心理需求，能够激发大学生的学习动机，提高国防教育课程的教学质量，使国防教育课程取得理想的教学效果。

---

① 何政泉、杨莉：《论我国普通高校国防教育的定位》，《长春师范学院学报（人文社会科学版）》，2012 年第 1 期，第 126—130 页。

② 安世遨：《基于案例的大学对话教学模式设计与应用策略》，《中国高教研究》，2017 年第 3 期，第 83—87 页。

（二）对话教学之于高校国防教育课程教学内容的延展

大学生正处于身心剧烈变化的时期，具有思维活跃，洞察敏锐的特点，在这一时期，他们主动汲取各类知识信息，吸收先进思想，以促使身心由不成熟向成熟的过渡，但滞后的课程教学内容难以满足他们发展的需求。而在对话教学中，教师可以根据话题的走向打破教材的藩篱，拓展和延伸教学内容，使其更贴近大学生的实际生活和专业方向，与时代的发展相接轨，既改变大学生对国防教育的陈旧认识，加深大学生对国防教育的认同感，也契合国防教育培养与时俱进的后备人才的要求。同时，高校国防教育课程的实质是培养大学生的国防精神，主要包括爱国主义精神、爱军尚武精神、牺牲精神和斗争精神。① 这些精神文化对大学生的世界观、人生观、价值观形成和发展有着无可替代的正向作用，但仅凭教材内容很难在大学生心中掀起涟漪。而对话教学可以用一些现实中的典型事件为话题吸引学生主动参与，各抒己见引起思想的激荡和共鸣，使之不断更正和重塑自己的价值判断，将国防精神内化于心。

二、对话教学在高校国防教育课程中的应用

（一）对话教学在高校国防教育课程目标设计中的应用

高校国防教育课程最根本的目的是培养大学生的国防观念，而以对话教学为手段的高校国防教育课程，在设计课程目标时除了要参照《教学大纲》中的标准，还应当充分考虑到对话教学的预设和生成。而且，目前我国国防教育课程效果不佳的缘由各异，需要针对不同的情况设计相应的课程目标。除此之外，设计的各目标之间还应该按照循序渐进和前后顺应的原则。

1. 情感态度目标

针对大学生对国防教育课程认同感低，缺乏兴趣的现状，课程目标应

---

① 刘志民：《国防教育与大学生综合素质培养》，《中国青年政治学院学报》，2017 年第 6 期，第 35—38 页。

该设计为利用对话教学的特点吸引课堂中的每个人都参与其中，发挥其主观能动性，在对话中培养大学生的对话意识，引导其生成国防意识，产生国防教育向心力，增加大学生对国防教育课程的认同感，激活其学习动机，从而自觉参与国防教育的各项活动中。

2. 知识目标

在大学生的国防意识和对话意识达到一定水平后，还需要深化其对国防的认识和有关知识的储备。针对国防教育课程内容时效性不高，与大学生现有认知结构接轨不足的情况，国防教育课程的目标应该设计为在对话教学内容深入的同时，有意识地跳出教材，使对话内容紧跟时代潮流，同时与大学生的日常生活和所学专业有机结合，以便于大学生接受并理解国防教育课程的内容，在原有认知的基础上建构综合性的知识体系，为国家培养国防事业人才和国防后备力量的目标打下基础。

3. 价值观目标

在大学生具备一定国防意识和国防知识的基础上，还需要对大学生进行国防观念的熏陶。在当前西方有目的的意识形态渗透下，部分大学生价值取向扭曲、自我意识极端。针对这一现象，国防教育课程的目标应该是基于对话教学的反思性和批判性的特点，引导大学生在对话中不断反省自我，纠正和革除不当观念，形成爱国主义、集体主义观念，加固大学生的心理防御，使之有意识地抵御不良思想的侵蚀，促进大学生国防综合素质的提高。

（二）对话教学在高校国防教育课程内容选择中的应用

课程内容要依据相应的课程目标，以国防教育课程本身、大学生兴趣所在和国家发展需要三方面为选择基准。同时结合对话教学的特点与国防教育课程的性质，既要有基础性，也要有时效性；既要有一定的挑战性，也要符合学生认知的可接受性；既要具有符合国家要求的现实性，也要考虑促进学生综合素质提高的发展性。

1.《教学大纲》要求设置的课程知识

依据《教学大纲》设置的国防教育课程的基本内容是国家意识形态的

体现，也是对话教学深入展开的知识基础，而其本身就是培植优质话题的沃土。针对当前大学生对国防观念淡薄的现状，应当选用中国近代的国防史作为话题，可以帮助大学生以史为鉴，树立起国防意识和国防观念。而针对部分大学生对国防疏于认识的情况，选择我国国防建设的现状为内容，有助于大学生充分了解我国的国防建设，树立国家自信和民族自信。

2. 大学生关注的热点问题

学生的兴趣是课程获得实效的动力源泉。大学生有着强烈的求知欲和学习热情，课程与教学应当充分利用这一特性。针对大学生对国防教育课程态度冷淡的现状，应该选择大学生群体中关注较多的如叙利亚等局部动乱地区的热点问题作为话题，这样更容易打开大学生的“话匣子”，使大学生快速进入对话状态，了解对话教学的基本形式，产生初步的对话意识，还能帮助大学生以彼为镜，通过对话唤起忧患意识和危机意识，认识到国防教育“防患于未然”的必要性，提高对国防教育课程的兴趣和认同感。而针对部分大学生理想信念模糊和社会意识淡薄的问题，课程内容应当选用与国防有关的热门社会现象，以社会现象为话题，透过表象探讨其内在本质，发现并批判社会的一些不正之风，进而使这些大学生内省并涤除不当观念，坚定理想信念与社会责任，重塑集体思想和爱国精神。

3. 与国家发展战略相关的时代内容

国防是一个国家长治久安的生命线，国防教育是延长国家生命线的未来保障。因此课程内容的选择应当契合国家的发展需求。针对当前国防教育课程内容与国家发展战略接轨不力的现状，课程内容应当选择一些抓住时代脉搏的新兴知识，比如十九大中习近平提出的中国特色社会主义强军之路，以《英雄烈士保护法》为代表的与国防教育联系密切的新法律法规，以大洋战略和国际电子战为代表的新式战略战法，以总体国家安全观为核心的新兴国防观念等。这些课程内容紧扣国防教育发展的历史主轴，是对课程基础内容的补充延伸，同时也契合为国家未来的国防事业储备时代性人才和后备力量的要求。

（三）对话教学在高校国防教育课程教学组织形式中的应用

对话教学并没有一套固定的组织形式，应用于不同学科中会呈现出不同的形式。朱德全等将对话教学分为四种表征方式，分别是“以教师为中心”的问答式对话教学、“以学生为中心”的愤悱式对话教学、“师生关系平等”的交际式对话教学、“突出问题焦点”的辩论式对话教学。[①] 而在高校国防教育课程中，考虑到其内容和目标的正面导向性，教学时应该采用更容易对过程和结果进行调控的“问答式”对话教学和师生关系更加温和的“交际式”对话教学。在表征方式立定的基础上，这里将对话教学的组织形式分为以下三个阶段：

1．对话教学前的准备阶段

准备阶段需要师生共同参与，需要教师充分查找相关资料进行师本对话，参照《教学大纲》预设出情感态度、知识、价值观三级课程目标，规划并推演出对话教学的实施路径，梳理出对话教学的基本过程，尽可能多地考虑并列出教学中可能出现的争议点和需要加以引导的转折节点。还需要大学生预先了解话题内容进行生本对话，以小组为单位合力完成资料搜集与整合的工作，对疑惑和不确定的内容主动探究讨论，在此过程中对有关内容产生一个初步的认识和理解，有助于提高对话教学的精度和效率，保证对话教学时的流畅性。在这一系列的准备中，对话氛围已经处于酝酿状态，将为国防教育课程中对话教学的顺利实施奠定一个良好的基础。

2．对话教学的实施阶段

实施阶段分为两部分，前半部分要营造对话教学的氛围，后半部分则要提出话题并展开对话。教师可以通过一段引导性的开场白抛出话题，吸引大学生的注意力，激发其对话的兴趣和热情。《礼记·学记》中写道：“善待问者如撞钟，叩之以小则小鸣，叩之以大则大鸣。待其从容，然后尽其声。”这句话不单说明教师的对话技巧决定着对话教学实施的效果，

---

① 朱德全、王梅：《对话教学的模式与策略探析》，《高等教育研究》，2003 年第 2 期，第 82—86 页。

也从侧面反映出轻松自由的氛围能更好地实施对话教学。对话教学建立在师生平等、相互尊重的基础上，这需要教师改变传统地位观念，摆正姿态，在对话中轻主导而重梳理，有意识地维护对话教学的氛围，避免“独白式”对话的出现。而鲜明的话题同样是对话教学成功实施的关键。国防教育课程的内容广泛而丰富，在教师的精心准备下往往能提炼出许多精妙的话题。对话教学的话题并不是各自单独分离的个体，而应该是一连串有逻辑关系的话题群，这需要教师根据预设目标，结合教学中对话内容的走向因势利导，巧妙转变对话方向或顺延深入对话内容。

譬如在一堂课中，教师可以提出“甲午海战对近代中国的影响”“叙利亚如今的困境及原因”“人民军队的优秀意志品质”等话题。甲午战争对近代中国的影响可以使大学生在对话中以史为鉴认识到国防的重要意义，分析总结出影响国防建设的各个要素。叙利亚的战乱局面可以唤起大学生的忧患意识，纠正“和平时期国防无用”的思想。而对精神品质的讨论则让大学生真正理解并尊敬我们的人民军队，有利于大学生国防精神和正确价值观的形成。在此期间，教师要通过问题巧妙地将这些话题串联起来，比如用“叙利亚目前的境遇与近代中国有无相似之处”将话题引向叙利亚，同时指导学生古今对比，启发学生为国防事业奉献的意愿。又或者用“谁在为我们的和平保驾护航”将话题导向人民解放军，以此为契机鼓励大学生学习军人的优良品质，并践行到日常生活中。

3. 对话教学的总结阶段

在师生充分对话之后，要将对话的内容进行梳理总结。捷克前总理哈维尔曾列出八条《对话守则》，其中第七条便提出“对话要有记录”。在对话教学中，记录与对话过程同等重要。可以选出一位记录员记录下对话的过程，教师要根据记录回顾总结，肯定优秀的对话，反思片面和不足。值得注意的是，总结并不仅仅出现在整堂课结束之后，每个话题都可以在教师引导下进行阶段性总结，并过渡到下一个话题。这三个阶段充分反映了对话教学的特点，即预设和生成缺一不可，准备和总结被置于与对话同等的重要地位。在总结后，教师可以预示出下一次对话教学的话题，比如仍以甲午海战为导线，引出国家海洋战略的话题，鼓励大学生充分发挥自主学习的特点，利用课余时间合作查找相关资料，为下一次对话教学的开展做好准备。

三、高校国防教育课程的对话教学策略

通过上述分析，对话教学应用于高校国防教育课程对于改变当前高校国防教育式微的情况能起到积极的作用。但需要注意的是，对话教学应用于高校国防教育课程，需要多方共同的努力。笔者基于此提出如下策略。

（一）源于《教学大纲》的师本对话

师本对话并不仅是教师与教材内容层面上的对话，更强调的是教师基于《教学大纲》的要求对课程内容更加深度的理解。《教学大纲》中第九条规定："军事教师要与时俱进，努力提高自身思想素质和业务能力，积极开展科学研究与教学改革。"这意味着需要从事国防教育的教师积极提高自身能力，不断丰富知识储备。体现于对话教学中，则需要教师自觉树立对话观念，放弃压迫性的权威地位，与大学生以平等的身份展开对话，同时要无条件地将自己对课程内容的理解分享和呈现给学生，供学生自由选择并理解吸收；需要教师在教学前基于《教学大纲》充分地进行师本对话，了解大纲对高校国防教育课程的要求，在深刻理解的基础上寻找有时效性的国防教育外延内容，挖掘出有对话意义的话题，尽可能地预设出对话教学的目标和对话过程的走向，把握住话题转向和延伸的节点，并用专业性的术语进行总结和点评，在教学中做到有的放矢；需要教师充分掌握对话教学的技巧，在教学中及时找出并强化大学生在对话中的各种闪光点，加以肯定和鼓励，并有效地延伸和拓展。不断激活学生的对话活力，力求"真实对话"，避免对话教学中的技术主义倾向。① 除此之外，还需要教师树立高度的对党对国家对军队的热爱，饱含感情的对话更能调动教学

① 安世遨：《基于案例的大学对话教学模式设计与应用策略》，《中国高教研究》，2017 年第 3 期，第 83—87 页。

时的氛围，也有助于对话保持主题，紧紧围绕课程与教学的真正目标。而在每次对话教学之后，需要教师利用课后时间进行自评，及时反思总结，力求在教学经验的积累中不断精益求精。

（二）体现专业性的师师对话

师师对话包含两个方面，一方面是专职性的国防教育教师之间教学经验的交流分享，另一方面是专业性的国防教育专家之间观点的交换。国防教育教师间的对话是对话教学中教学相长的重要途径之一，通过国防教育教师间教学经验的互动，可以有效地帮助教师精进对话教学的技巧，明晰对话教学应用于国防教育课程的切入点，与时俱进地整合国防教育课程的内容并开展对话教学，优化国防教育课程的教学质量。在此过程中，需要教师以开放倾听的心态享受对话；需要教师树立正确的冲突观，把对话冲突发展为一种“辩论的文明”；需要教师树立科学的竞争意识与合作观，保持对话积极性和探究热情，避免师师对话因教师对话观狭隘而流于形式主义。[①] 同时，国防教育领域专家的对话也至关重要，专家们意见的交换有利于规范高校国防教育课程建设与学科建设，其对话成果将对国防教育课程内容和教学方法等方面的改进发展起到决定性的作用。

（三）运用先行组织者的师生对话

师生对话不仅体现在“师生问答”和“交际讨论”的形式上，讲授法其实也是一种潜在的师生对话。对话教学与讲授法在高校国防教育课程中的运用并非是完全对立的，许多军事理论课的专业知识依然需要讲授法发挥其高效快捷的知识传递作用。教师讲授的知识内容，可以在大学生主观能动性的作用下，与学生的内心世界进行对话，在学生头脑中种下对话的萌芽。这种师生对话中包含一定的知识内容和初级的对话形式，可以成为对话教学的“先行组织者”。一方面可以使大学生在对话之前对有关知识

---

① 李红惠：《高校内师师专业对话问题研究》，《高校教育管理》，2009 年第 3 卷第 4 期，第 59—63 页。

和对话教学的形式特点有一个概念的认识，为进行对话教学提供基础；另一方面可以促使大学生“生疑”，产生求知欲，激发其准备并参与对话教学的动机，并在对话中不断“释疑”，促进原有认知结构与对话产生的新内容有意义地整合建构，有助于大学生深度内化国防知识和情感，使国防教育课程的效果更上一层楼。

（四）基于自主学习的生本对话

生本对话与师本对话一样，是对话教学顺利实施的关键条件。高校国防教育课程的对话教学并不是“拿来主义”式的生硬嫁接，而是要考虑应用的实际情况。要保证对话教学时的专业性和连贯性，需要提前做好充分准备。生本对话有课堂内与课堂外两类，课堂内的生本对话需要教师实时跟进、步步追问、打破平衡，帮助大学生走出“假对话”，超越“浅对话”并启发“深对话”。① 基于大学生具有较强的自主学习能力，并且能运用多方渠道搜集所需的学习资源，可以进行一些课堂外的生本对话。教师可以提前预示出对话教学的话题，给大学生一定的时间做好生本对话。生本对话的目的不仅有知识的储备，还有情感的蓄势。在大学生浏览并搜集资料的同时，他们的认知结构和观念态度也在潜移默化地发生着正向改变，这样有助于实施对话教学时加快进度、提高效率，避免无效对话，使国防教育课程取得事半功倍的效果。同时，可以鼓励大学生合作进行生本对话，形式类似应用于课堂之外的“拼图教法”（Jigsaw Classroom）②：将学生分成若干小组，把资料的收集任务按一定分类分配到的每位组员身上，而后每个人基于自己搜集到的部分共享并讨论。这样不但能唤起大学生的团队协作意识，还能使生本对话更加高效。

---

① 王东颖：《如何推动生本对话有效进行》，《语文建设》，2011 年第 12 期，第 28—30 页。

② Eilks I. Experiences and Reflections about Teaching Atomic Structure in a Jigsaw Classroom in Lower Secondary School Chemistry Lessons [J]. *Journal of Chemical Education*, 2005, 81 (2): 313 - 320.

（五）引入热点问题的多主体对话

多主体对话是一种交际式的对话讨论，其根本目的在于打破课堂的限定，通过教师与学生在对话前对搜集到的相关资料的展示，将专家的观点带入课堂，实现师生与专家的隔空对话，促进对话中教师主体和学生主体的成长。热点问题不止表现在国际局部争端上，国家发展战略、周边安全形势、社会典型现象都可以作为热点问题进行多主体对话。一方面教师需要摆正姿态，鼓励引导学生参与对话；另一方面大学生也要端正态度，不能把教师的“放权”当成放纵的借口，而要将自己视为对话的主体，积极参与到对话教学的每一个环节，从对话中汲取有利个人发展的养料，主动思考，及时探究，自我反思，敞开心扉拥抱个人进步。“三人行必有我师”，通过多主体能帮助教师和学生通过对话将新的认知和思想凝练升华，使其主动建构自我、建构其精神世界，达到理想的教学效果。

对话教学在国防教育课程中的应用，可以调动高校大学生参与国防教育课程的积极性，有助于改善当前国防教育课程教学不力、教材内容没有与时俱进的现状，提升高校国防教育的实效。同时，可以纠正部分大学生不当的价值观和人生观，帮助其重塑世界观，培养其战略思维和创新思维，对大学生思想品德的发展产生积极的影响。基于此，建议高校为国防教育教师提供更多培训条件和交流机会，使教师紧跟时代的风向标，系统地学习对话教学的方法技巧，创新丰富国防教育课程的内容和教学形式，点燃教师的教学热情，激发大学生的学习兴趣，以推进对话教学更有效地应用于国防教育课程，助力高校国防教育课程取得突破性的发展。

新时代高校学生军训工作的问题与对策研究

卢海英　王小民*

摘　要：学生军训是事关国家发展、军队建设和民族复兴的一项重要的政治性、基础性、长远性工程。30 多年来，学生军训工作为国家教育和国防建设做出了突出贡献。党的十八大以来，我国经济建设和教育事业快速发展，国防和军队建设深度调整改革，学生军训工作不断出现新情况、新特点、新问题，迫切需要从战略和全局的高度深化学生军训工作改革，提出紧跟时代步伐、符合时代特色的新理念、新思想、新模式、新对策，持续推进学生军训工作的创新发展。

关键词：高等学校；学生军训；问题研究

习近平总书记在党的十九大报告中强调指出："我们的军队是人民的军队，我们的国防是全民国防。我们要加强全民国防教育，巩固军政军民团结，为实现中国梦强军梦凝聚强大力量！"学生军训开展实践 30 多年

---

* 作者简介：卢海英（1974 年—），女，硕士学位，现任浙江海洋大学军事军训教研室主任，副教授；王小民（1984 年—），男，学士学位，现任东部战区陆军参谋部参谋。

来，为国家和军队的全面建设发展发挥了不可替代的作用。随着时代的发展，军队的重塑，其地位作用越来越明显，矛盾问题越来越多，标准要求越来越高，亟需各级进一步统一思想、更新观念，加强领导、健全机制，改革创新，真正形成组织领导坚强、制度机制健全、课程设置科学、运行秩序规范、各项保障有力的学生军训新格局。

一、充分认清当前开展学生军训工作面临的形势特点

当前，高校学生军训工作主要面临六个方面的形势特点，即“六性”。

（一）民族复兴富国强军的紧迫性

习总书记在党的十九大报告中指出：“青年兴则国家兴，青年强则国家强。中华民族伟大复兴的中国梦终将在一代代青年的接力奋斗中变为现实。”地方普通高等学校是青年学生成长成才的摇篮，在地方普通高等学校开展国防教育是一项长期的战略任务，开展学生军训工作是国防建设的百年大计。当前，在以习近平同志为核心的党中央的领导下，必须高度重视青年学生的培养与教育，切实用好学生军训这个“大舞台”，培育造就一大批青年杰出人才，为中华民族的伟大复兴添砖加瓦。

（二）全面推进依法治国的法定性

学生军训作为青年学生依法履行兵役义务的一种形式，1955 年就写入了兵役法。党的十八大以来，全面推进依法治国战略正有序实施，国家法律法规对学生军训工作都作出了明确要求。我国《兵役法》第 43 条明确规定，“高等院校学生在就学期间，必须接受基本军事训练。”国办发［2001］48 号文件明确要求：“军事课是普通高等学校本、专科生的必修课，学校要纳入教学计划”，等等。各级应充分认清学生军训工作的“法定”属性，切实增强法律意识、责任意识，依法依规依纲狠抓学生军训工作的末端落实。

（三）加强国防后备力量的必要性

当前，国际体系进入加速演变和深刻调整时期，我国周边形势总体稳定，但风险呈累积态势，海上安全威胁日益突出，备战打仗任务艰巨繁重。随着新一轮国防和军队的调整改革，科技兴军、人才强军已成为主导，大学生群体已成为现役部队的重要力量。学生军训作为青年学生履行兵役义务的一种形式、储备后备兵员的重要平台，是国防后备力量建设的重要组成部分。必须始终作为国家战略坚持与发展，深入探索与创新发展学生军训为国家后备力量培养人才的新模式，真正实现无缝链接、滚动发展。

（四）“颜色革命”西化分化的严峻性

当前，以美国为首的霸权主义国家四处策动“颜色革命”，并把我国青年作为其渗透和演变的重要对象。近年来，网上充斥着颠覆党史军史、抹黑英模（如狼牙山五壮士名誉侵权案）、“教官殴打学生”、“教官当众向学生求爱”等奇谈怪论，混淆视听、颠倒黑白。有的青年学生对网上信息司空见惯，不分析不甄别，随意跟贴、盲目转发，亟需运用好国防教育和学生军训这个“大熔炉”，引导和教育学生牢固树立正确的“三观”，强化政治意识和爱国意识，培育“社会主义核心价值观”，为培养新一代“四有”青年而努力奋斗。

（五）紧贴我国时代特色的政治性

学生军训制度已成为世界上许多国家培养国防后备力量的一种重要形式。有的采取全员军训模式，比如以色列、韩国；有的采取重点军训模式，比如美、俄、英等。各国有各自的国情、制度和特点。我国的学生军训模式，不能盲目地崇洋媚外、生搬硬套，而必须符合中国国情、符合时代特色、符合自身实际，必须在中国特色社会主义这个大的背景下不断发展，必须以习近平中国特色社会主义思想为指引，必须以习近平强军思想为遵循，着力构建具有中国特色的学生军训制度和军训模式，彰显中国智慧、形成中国方案、释放中国力量。

（六）传承历史优良传统的重要性

随着中西方文化的交融，反华势力的拉拢策反，对部分青年学生的理想信念、价值取向产生着深刻的影响。比如，有的热衷于情人节、圣诞节等洋节日，而淡化了建军节、端午节等中华传统节日。部分学生爱国主义、民族主义、英雄主义情结正逐步弱化。必须充分认清这种“非主流”和“反导向”的极大危害，认清学生军训在传承历史、立德树人、素质教育方面的引导作用、锤炼作用、催化作用，真正利用好“大舞台”，占领“主阵地”，切实激发青年学生的爱国主义情怀，树立正确的价值取向，为国家培养好人才。

二、切实找准当前学生军训工作存在的矛盾问题

从多年实践来看，当前学生军训工作主要存在以下六个方面的问题，即“六缺”。

（一）思想认识缺“高度”

领导层面，学生属“民”，军训姓“军”，有的认为军训应由军队主导主抓，军队认为这是地方主责主业，没有真正统一思想、形成合力、齐抓共管；有的认为军训是“副业”，没有把军训视为一种使命、一份责任、一项事业。学校层面，没有上升到战略层面来重视与落实，把学生军训当作一项简单任务来完成，当作可搞可不搞的“软指标”，可抓可不抓的“虚任务”，避重就轻、避难就易，上级文件规定不研究不细化不落实。学生层面，部分学生抱着一种“好玩”的心态、“过关”的思想参训，为了学分而努力，为了面子而参加；有的认为，重在参与、重在体验，参加军训可以过把“军瘾”、穿回“军装”、拍个“军照”；有的甚至存在怕苦怕累思想，找理由找借口不训或者少训，能躲则躲等等。

（二）领导机构缺“规范”

从军队情况看，新一轮军改后，军队形成“军委管总、战区主战、军种主建”的新体制，但学生军训工作的组织领导还没有及时调整。省军区（警备区）学生军训工作办公室和学生军训教研室仍均属挂靠机构，被定性为非编机构。从政府情况看，虽然各省（市）均成立了领导小组，并明确学生军训由省（市）教育厅（局）体卫艺处分管，但没有专门机构、缺乏专职人员、缺少专业能力，抓建水平停滞不前。从学校层面看，有的挂靠武装部，有的挂靠学生处，有的挂靠体军部，有的未常设机构，有的流于形式，机构不明、职能交叉、职责不清，普遍缺乏一个高效权威的领导机制，导致学生军训成了某一个部门或一个人的事，严重影响了学生军训工作的落实。

（三）关系协调缺“顺畅”

感情协调优于机制协调，按照规定，帮训力量派遣由学校提需求，省军区系统统筹协调，但部分学校是靠自己拉关系、找门路、搞共建，各显神通、各找各路，尤其是遇到突发情况时，靠机制难解决，靠感情好协调。行政关系优于属地关系，学生军训实行属地化管理，但有的因不属于一个行政架构，行政管理范畴内好协调，行政管理范畴外的军兵种部队、武警部队难协调。上下关系优于同级关系，大部分学校学生军训工作由一个部门牵头，其他部门配合，但有的部门片面认为学生军训就是一家之事，与己无关，有的遇事能推则推、能躲则躲，主动配合意识弱，方案计划明确很清楚，但领导不说不动，部门之间协调不如领导一个命令。

（四）内容方法缺“更新”

军事理论教材上，全国军事理论教材不统一，有的是上级配发，有的是自行编写，有的是参考别人，不少教材都是老版本，陈旧过时的理论。装备更新换代了，作战理论变化了，十九大胜利召开了，但军事理论教材却没有及时更新，等等。教学方式上，缺少新颖多变、适应科技变革的教学方法，填鸭式、灌输式、背书式教学还不同程度地存在，案例化教学、多媒体手段，网络化授课等没有真正用起来，互动式教学不够，缺少灵性活力。技能训练上，训练大纲多年未更新，部分内容过时，很难落实，大部分学校停留在“训队列、学规定、整内务、搞阅兵”上，没有真正展开地形学、武器操作、卫生救护等内容训练，也未探索展开一些模拟训练、仿真训练，训练质量层次始终在低层次徘徊。

（五）帮训力量缺“质量”

帮训人员少，高校规模和受训学生数量庞大。以原南京军区为例，每年有近160多万名学生受训，按照1∶50的帮训比例，需要派出帮训官兵3万多人次，加之高校学生军事技能训练与部队演训任务相对重叠，部队难以抽调足够人员帮训，力量不足的问题比较普遍。帮训力量来源杂，有的来自由省军区系统协调的现役部队，有的是自行联系的驻军部队，有的是吸收本校部分退役军人及高年级学生，有的是协调民兵预备役部队，有的是邀请地方营利性公司人员，大部分人员没有进行严格的考核选拔，有的甚至来路不明、底数不清，引发不少安全问题。帮训力量素质弱，部分单位考虑到战备训练任务重，就以派公差的形式派遣人员，没有经过严格的岗位培训考核。加之少数人员能力素质不强，教学方法不当，用语不够规范，管理态度生硬，导致学生与教官之间发生冲突，有的出现学生与教官打架、谈恋爱等问题引发网上炒作负面新闻，影响恶劣。

（六）考评监管缺“力度”

考评不到位，从国家层面来看，只有指导性文件，没有相应的考评规定；从各省份来看，没有依据上级文件规定，研究制定符合工作实际的考评实施细则；从学校层面来看，更没有配套的制度依据，开展工作凭经验、落实法规看心情、现地检查看风景。监管不到位，各级均没有高度重视学生军训的末端落实，没有集中专家人才力量研究检查学生军训工作的落实，没有掌握实情，没有主动担当，更没有创新作为。即使了解了一些情况，也没有对策措施，问题还是那些问题，现状还是那些现状。奖惩不到位，干好干坏一个样，抓与不抓一个样，自由发挥、个性发展，上有政策下有对策，想抓就抓，随心所欲，尤其是军事教师编制、职称、待遇，军训内容、时间、质量的落实，没有刚性奖惩措施，既打击了军事教师的积极性，又滋长了个别人员慵政懒政、不求作为的心态。

三、科学研究制定开展学生军训工作的对策措施

思路决定出路，问题现象很清楚，关键是要认真研究解决思路对策，真正拿出“时间表”“统筹图”“施工图”，在解决问题上、末端落实上、责任追究上下功夫见成效。

（一）深化认识，统一思想，切实立起学生军训的“风向标”

思想是行为的先导，抓学生军训工作，必须拧紧“总开关”，把思想统起来、观念扭过来、标准立起来。一要强化宣传引领。从领导干部抓起，盯住主要领导、分管领导、主管部门等主抓主管学生军训的领导干部，通过学法规、学细则、学经验，充分认清开展学生军训对民族复兴、国防建设的基础性和长远性作用；从重要节点抓起，充分利用“七一”“八一”“国防教育日”“国家公祭日”，征兵和军训集中开展期等重大时节，加大宣传，营造氛围；从日常生活抓起，充分利用各类会议、集训培训、检查通报等时机，微信、公众号、横幅、广播、标语等形式，加强教育宣传引导，切实加强思想引领、强化责任担当、启发行动自觉。二要更新思想观念。地方层面要破“抓军训就是促管理”立“抓军训就是讲政治”的观念；军队层面要破“抓军训就是搞共建”与立“抓军训就是强国防”的观念；学生层面要破“搞军训就是过军瘾”与立“搞军训就是履职责”的观念，切实从思想深处纠治片面的、错误的观念，认清开展学生军训的重大意义、认清抓学生军训的重大责任，真正摆正位置、找准抓手，往实处抓。三要营造军训文化。积极开展“军训艺术节”“军事训练营”“军事教师培训班”等丰富多彩的活动，可将8—9月定为“学生军训月”，通过电视、广播、报刊、网络、微信、社区（乡村）宣传栏等各种媒介密

集宣传国防知识和军事常识，让学生军训家喻户晓、耳濡目染，真正上升到战略层面，形成文化、形成品牌、形成制度，为国家培养社会主义事业的建设者和接班人打好坚实基础。

（二）加强领导，健全机制，切实筑牢学生军训的“制度网”

抓学生军训工作必须从领导抓起，从制度严起，确保各项工作末端问效落实。一是健全组织领导。按照“统一领导、分工负责、密切协同”的原则，设立国家学生军训工作领导小组，分别在国防动员部和教育部下设学生军训工作办公室。各战区各军种分设学生军训办公室，统一归全军学生军训工作办公室领导；军种实行行政管理（军种总部、战区军种、部队）模式，战区实行属地管理模式；各省（自治区、直辖市）教育行政部门和各省军区（警备区）参照国家学生军训办公室模式，建立各类组织，承办学生军训工作。二是设立专职机构。学校设立武装部兼学生军训教研室，全面负责学校兵役登记、兵员征集、快速动员、学生军训、退役安置，以及民兵预备役等涉军工作，人武部部长兼任学校预备役团团长，学校党委书记兼任预备役团第一书记，预备役工作纳入市、区、县武装工作统一管理，理论教学业务上实行集中统一领导、分工协调落实，由教务统筹安排，有利于集中统一领导、有利于专职队伍培养。三是建立大学生后备役军官培训制度，每年从军训成绩优秀的大学生中和退役返校的学生中选拔一部分授予预备役军衔和证书，纳入预备役部队建制，利用寒暑假进行短期的强化训练，每年征兵对象优先从学生预备役人员中挑选。同时应参照大学生入伍模式给予相应的优待政策及经济补偿，以调动积极性，增强荣誉感，让学生预备役人员成为全学校尊崇的人员，形成学校具有自身承训能力的“铁军社”。四是建立军训档案。按照法律、大纲要求参训参考，考核由军地双方共同组织实施，逐人逐课目过，人人都要建立训练考核档案。训练成绩既要按照地方普通高等学校课程建设要求纳入学分，又要将个人军训成绩计入个人档案，与个人奖惩表格一样实行终身制。五是落实检查考评。要专项检查，国家、省市层面都要成立学生军训检查督查小组，每年集中时间进行检查督导。要落实奖惩，对领导不重视、内容不落实、保障不到位、法规不遵循的单位和个人，严格落实奖惩，追究相关责任，像抓作风建设一样抓学生军训落实，切实形成高压态势，促进末端落实。

（三）与时俱进，创新作为，切实探索学生军训的“新模式”

创新是进步的灵魂、前进的动力，学生军训不能再走因循守旧的老路，惟有走创新发展的新路，才能适应新时代的发展。

一是在学科建立上，要由“编外学科”向“独立学科”转变。军事理论教学是国防教育的重要内容，已作为大学生的必修课纳入学分管理，国家层面应明确在各高校建立国防教育或者军事理论教学独立学科，并予以学科建设的重点扶植，才能从根本上解决思想认识不够、人才队伍不足、质量水平不高、教师待遇不落实等问题，让军事理论教学走上法制化、专业化、科学化的发展道路，真正为民族复兴打下坚实根基。

二是在教学内容上，要由“传统内容”向“紧贴实际”转变。理论教学上，不能停留在过去的老内容、老套路、老教材上。国家层面，每年应及时发布军事理论教学大纲，让最新的国防政策、国防法规、军事技术、武器装备、军事热点等进入教材、进入课堂；技能训练上，亟需对大纲内容进行修订完善，要与现行军队新兵入伍训练内容相接轨，与各自专业内容相结合，适当增加与部队专业相通的自选内容，如无线电测向、军事地形学、消防安全、自救互救等。

三是在教学平台上，要由“校内课堂”向“灵活多样”转变。改变传统的校内组训、课堂教学的传统模式，逐步向外延伸、向网络拓展。要用好实践平台，依据《中国人民解放军军营开放办法》，加强科学统筹和沟通协调，有计划、有目的地组织属地各大高校走进军营，面对面地感受军营文化氛围，参观军队现代化建设，以更好地了解国防、热爱国防、投身国防。用好网络平台，大力推进基于网络教学，如 MOOC（慕课，大规模在线公开课程）、微信、手游、微博等，切实提升教学的活跃度和新鲜度。用好文化平台，大力开展富有“军”“红”特色的军事文化活动，组织学生参观驻地国防教育基地、烈士陵园等，切实激发青年学生的自豪感、荣誉感、责任感。

四是在组训模式上，要由“单一形式”向“多元模式”转变。错峰组训：由省市学生军训主管部门根据辖区内高校情况进行科学统筹，制定总体计划，合理区分各学校的军训时间，实行错峰组训，便于统筹帮训力量、便于统筹训练资源、便于实行计划管理。基地轮训：逐步推开在设区市县建立军事训练基地，纳入政府规划，积极推进建设，基地建立要满足学生军训、国防教育、民兵训练之需，使之成为一个集训练、教育、会议、培训等功能为一体的国防教育“品牌”和“名片”。模拟训练：逐步推行智能模拟训练，如射击等，也可组织真人 CS（Counter Strike）仿真训练，让学生在“实战”中强化战术意识，提升实践能力。积极开展“军事训练营”和“军事理论研讨班”等活动。集中竞训、评比竞赛、交流学习，营造人人爱国防、人人为国防的浓厚氛围。

五是在帮训力量上，要由“现役部队”向“军民融合”转变。帮训力量坚持“现役部队为主体、退役军人作辅助、民兵预备来补充”的原则，省军区系统应提前统筹协调帮训需求，及时上报申请，部队批复后的不足部分，省军区系统牵头通盘协调，补充部分在部队取得带训上岗证的预备役人员和本校退伍学生组建的队伍。带训前，应由人武系统统一组织集训考核，坚决杜绝营利性单位和不明身份人员带训，以免影响军训质量，带来不安全因素。

六是在带训资格上，要由“指定人员”向“考证上岗”转变。区分“现役与非现役”两个部分：现役人员由各部队旅级以上单位进行不少于一周的集中强化训练，考核后持证上岗，合格人员发放“带训资格证”，并记入士兵个人档案（回地方后，可作为非现役优先带训）。非现役人员由各省军区系统（人武系统），统一筹划、规定内容、分片组织，进行不少于一周的集中强化训练，考核后持证上岗，合格人员发放“带训资格证”，并给予相应经济补助，确保带训队伍正规有序。

（四）理顺关系，明晰权责，切实打好学生军训的“组合拳”

学生军训工作千头万绪，涉及各方，必须厘清工作关系、明确各自职责，才能确保学生军训工作有序、有力、有效运行。

一是理顺上下关系。军队层面，应建立“军委管总、战区统管、军种分管”的管理模式。全军学生军训工作办公室管总，各战区、各军种、各省军区（警备区）学生军训工作办公室隶属于全军学生军训工作办公室领导管理，真正形成“军委（国防动员部）—战区（军种）—战区军种［省军区（警备区）］—部队（军分区）—学校”的层级领导管理模式。

二是理顺左右关系。军地双方齐抓共管、同向同行。教育行政部门牵头，担负学生军训工作的综合计划和组织协调职责，军事部门配合，完成军队承担的学生军训工作任务。军队各级学生军训办公室要认真履行职责，积极协调驻军部队在为学生军训派出帮训官兵、提供训练场地等方面给予大力协助。军地双方要切实密切配合、主动作为、强化担当，确保分工明确、关系顺畅、各司其职。要定期组织各类联席会议，高标准抓好学生军训各项工作的落实。

三是理顺内部关系。战区、军种开展学生军训工作，由作战、训练、动员（管理）、干部、宣传等部门按照职能分工抓好落实，负责部队帮训力量的审批、派遣、派遣军官的调整配备、业务培训等工作。各省军区（警备区）学生军训工作办公室应加强工作筹划和业务指导。军分区、人武部指定学生军训工作分管领导及工作人员，会同地方教育部门共同承办学生军训工作的日常业务。各学校内部也要建立由学生军训工作办公室管总、各部门配合的共抓共管模式，切实推进学生军训工作科学健康发展。

参考文献

全军学生军训教学协调中心：《全军学生军训30周年理论研讨论文集》，2015年。

全军学生军训教学协调中心：《普通高等学校学生军训教学研究论文》，2013年。

军民融合：高等学校国防教育改革的实践探索

张春雷*

摘　要： 军民融合体现了国家对经济与国防建设相融合认知的不断深化和完善，其本质在于实现军民资源的优化配置，在各个领域形成全要素和高效率的军民融合发展模式。高等学校国防教育改革推进军民融合不仅是贯彻党和国家对军事人才培养的要求，而且能在资源约束下完成多样化的军事任务，同时也是深化学生自觉履行国防义务观念的重要途径。互补模式、组合模式和多元化模式是高等学校国防教育改革、推进军民融合的不同时期的路径选择。通过在地方院校增设国防奖学金、增设军官培训机构、增设军事学院是保障高等学校国防教育改革，推进军民融合的重要方略。

关键词： 高等学校；国防教育改革；军民融合

1984 年《中华人民共和国兵役法》的颁布为军事训练在高校的开展奠

* 作者简介：张春雷（1974 年—），硕士，长春理工大学军事与体育教研部教授，硕士生导师，研究方向为军事思想。

定了良好的基础，且在军队和地方高校的共同努力下取得了显著的成绩；1997 年颁布的《中华人民共和国国防法》中明确规定，高校要根据需要设置国防教育课程，军事机关要协助高校开展国防教育。为了进一步保障国防教育在高校更好地开展，2001 年颁布实施《中华人民共和国国防教育法》规定，高等学校应当将课堂教学与军事训练相结合，对学生进行国防教育；2002 年教育部、总参谋部、总政治部等联合下发了《普通高等学校军事课教学大纲》（以下简称《大纲》），对国防教育的具体实践给予了明确的规定，尤其是经 2006 年修订的《大纲》使得高校国防教育从单一“军训式”的国防教育模式转变为“军训 + 课程 + 教育”的立体模式①。而随着“中国梦”“强军梦”目标的提出，在对高校国防教育改革与发展提出更高要求的同时，也暴露了高校国防教育的不足，突出表现为国防教育内容形式上的单薄、教学目标定位上的偏差、组织管理上的缺位，因此创新高校国防教育既有时代性，又有紧迫性②。习近平总书记提出推进军民融合深度发展的战略部署，为创新高校国防教育改革提供了顶层设计，构建军民融合式的高校国防教育模式不仅对实现“中国梦”和“强军梦”有着重要的理论意义，更对增强高校国防教育的实践性有着重要指导意义。那么，何为军民融合，它蕴含着什么样的改革理念，怎样构建军民融合式的高校国防教育模式，以及在构建过程中需要提供何种保障措施等等，本文将对这些问题逐一进行探讨。

一、军民融合：历史梳理与内涵解读

融合是指两个不同的领域或体系相互渗透、相互组合、相互促进，最终形成一个有机统一体的过程，军民融合是指军队和群众两个系统相互交

---

① 李科：《我国高校国防教育——基本模式、问题及对策》，《武汉科技大学学报（社会科学版）》，2013 年第 4 期，第 455—459 页。

② 贺辛平、盛欣：《〈兵役法〉新修与高校国防教育创新发展》，《湖南师范大学社会科学学报》，2014 年第 1 期，第 135—140 页。

融、渗透，最终实现共用一个兼容性的经济技术基础的过程①。对于军民融合内涵的认识不能简单理解为“军转民”或“民参军”的相互叠加，应该从特定历史社会背景和国防两个层面对军民融合进行理解。即在不同的历史时期，中国所面临的战略环境是不同的，针对军民融合所制定的方针和政策也是不同的。只有通过梳理军民融合的思想演变才能深刻地把握其发展的内涵。

（一）军民两用

新中国成立之初，为了保障国家安全，不受发达国家的威胁，我国在工业发展上着重偏向国防工业的生产，进而导致国防工业产能开始出现过剩，但同时经济发展却存在严重的滞后性，突出表现为资源配置和生产效率低下。面对这一问题，毛泽东同志提出“军民两用”的战略方针，要求在国防工业生产上要注意军民两用，军用和民用都要具备各自的生产技术，发展经济时可以将军用转换为民用生产，一旦出现危机时再将民用转换为军用生产，这样不仅可以优化资源配置，而且还能提高生产效率，提高全要素生产率。但随着“中苏”关系破裂、美国侵越战争的全面威胁等，国家更加偏向于国防工业的生产，进而加剧了经济建设方面生产资料的短缺。在新中国成立之初，我国实施计划经济体制，国防工业和经济建设主要由政府来干预和调节，忽略了市场的调节作用，导致军用和民用未能很好地融合，甚至出现了相互独立的现象。

（二）军民结合

1978 年 12 月召开的党的十一届三中全会重新确立了解放思想和实事求是的思想路线，并作出把党和国家的工作重心转移到社会主义现代化建设上。在此背景下，1982 年邓小平同志提出“军民结合，平战结合，军品优先，以民养军”的十六字方针，这不仅反映了国防工业生产改革的趋

① 韩庆贵：《推动军民融合深度发展的几点思考》，《中国军事科学》，2014 年第 3 期，第 105—110 页。

势，而且还反映了国防工业为经济建设服务的战略要求。为了更好地发挥军民结合，1984 年邓小平强调，现阶段要把国防工业生产的技术力量投入到国家建设中去，为民用生产所用。1987 年邓小平又进一步强调，在国家的统筹规划下，进行军民结合，以民养军，提倡国防科技转化为民用，提高民用生产效率，积累国家财富。但在实际发展过程中，军民结合战略方针仅体现在军用资源向民用生产的单向流动，在军用与民用结合的问题上缺乏整体的战略规划，更缺乏对于如何将军用与民用进行有机融合机理的考虑。

（三）寓军于民

20 世纪 90 年代末，由于国际形势发生了深刻的变化，我国在制定的《中华人民共和国国民经济和社会发展第十个五年计划纲要》中提出，把“坚持军民结合，寓军于民，大力协同，自主创新，建立适应国防建设和市场经济要求的新型国防科技工业体制”和“发展军民两用技术”作为这一时期国防工业科技改革的总目标。2002 年江泽民同志再次强调，坚持寓军于民，就是把经济建设和国防建设这两项战略性任务有机统一起来的重要举措[①]。可以看出，寓军于民的提出是在总结军民结合经验的基础上，考虑了军用科技体系与民用科技体系有机融合的机理，是军民结合管理体制创新的一种方法，实现了将国防工业生产与民用工业生产的嫁接，形成了军民一体的国家工业基础，标志着我国军民融合实践步入了新的台阶。但寓军于民的实践带有一定的局限性，其范围仅限于国防科技体系，对武器装备技术及人才培养体系方面的融合鲜有涉及。

（四）军民融合

2004 年胡锦涛同志在主持“坚持国防建设与经济建设协同发展”中央政治局集体学习会议上强调，统筹经济建设与国防建设，使国防与经济建设相互兼顾、相互促进、相互协调。之后他在多个会议和场合又指出，经

① 江泽民：《论科学技术》，中央文献出版社，2001 年版。

济建设是国防建设的重要基础，国防建设为经济建设提供安全保障，坚持以经济建设为中心，牢固国防建设基础，提高综合国力。为了更好地推进军民融合发展，胡锦涛同志接着在《努力推动国防和军队建设又好又快发展》的讲话中强调全面推进经济、教育、人才、科技等在各个领域中实现军民融合，为实现社会经济建设与军队现代化建设提供重要的资源保障和推进动力①。党的十七大报告中对建设和完善军民融合的思想进行了补充，提出了军民融合的人才培养体系、科研生产体系、国防动员体系等保障体系，极大地丰富了军民融合的内容建设。

在庆祝中国人民解放军建军90周年大会上，习近平总书记就深入推进军民融合发展发表了重要讲话，提出了构建军民一体化的国家战略体系和能力，加快形成全要素、多领域、高效益的军民融合深度发展格局②。体现了军民融合在形式上的丰富性、广阔性和立体性，构建了军民融合发展的一体化和双向运行机制，实现了军民资源优化配置和军民成果互惠互利。

从军民融合的演进历程看，军民融合体现了国家对经济与国防建设相融合认知的不断深化和完善，其本质在于实现军民资源的优化配置，在各个领域形成全要素和高效率的军民融合发展模式。

二、军民融合：高等学校国防教育改革的必要性

国防教育由学生军事训练、国防教育理论课和日常性国防教育活动三个部分组成，军事训练是指对学生进行条令条例教育、轻武器射击、综合训练等，其目的是使学生掌握基本军事技能，培养学生军事综合素质能力；国防教育理论课是指对学生讲授军事思想、中国国防、国家安全等内容，目的是强化学生的国家安全意识和国防观念；日常性国防教育是指在

① 中国人民解放军总政治部：《树立和落实科学发展观理论学习读本》，解放军出版社，2006年版。

② 经济参考网：《习近平：必须深入推进军民融合发展》，http：//jjckb. xinhuanet. com/2017－08/02/c_ 136492284. htm。

大学生日常的学习和生活中不定期开展国防教育活动和专题讲座等，目的是营造国防教育的文化氛围，进一步强化学生国防教育的观念[①]。

（一）贯彻党和国家对军事人才培养的要求

强军之道，旨在得人。解决强军问题，最核心是人才培养。党的十七大报告强调了军队干部学历和人才培养都可依托国民教育的要求，并指出军队院校的培养人才模式必须由“自我培养”向“融合发展”转变，对军队教育与国民教育的融合要求进行了规划。2017 年习近平总书记在中央军民融合发展委员会第一次全体会议上强调，走军民融合式发展路子，是实现富国与强军相统一的重要途径。探索军民融合培养军事人才的新模式和新格局，依托军民融合培养军事人才的战略决策，是塑造高素质军事人才，实现军队转型升级的重要保障。

（二）在资源约束下完成多样化的军事任务

由于长期以来我国高等教育体制与军队教育体制实施的是双轨制模式，而在普通高等院校不断扩大规模的前提下，军队院校始终保持着原有的样态。但随着作战模式的不断转变，基于信息系统的战斗生成模式是当前作战的核心内容。军队院校作为军事人才培养的重要基地，要不断适应新的军事任务要求，构建符合信息化作战能力生成的规律和特征，为完成军事任务提供人才和智力支撑。但军队院校受扩建规模、招生定额等因素的影响，教育资源受到了严重的约束，难以保障军队院校人才培养的质量，更难对接信息化作战下的军事任务要求，因此必须依托军民融合下的军队院校与大众教育融合的信息化人才培养战略，完成高素质的军事人才培养任务。借助地方高等院校的资源，弥补和整合军队院校的有限资源，完成多样化的军事任务。

---

① 武炳、张彦斌、杜景山：《国防教育学》，国防大学出版社，2000 年版。

（三）深化学生自觉履行国防义务的观念

随着高等教育的快速发展，我国高等教育已经具备丰富的教学资源和完善的人才培养体系，较之军队院校在招生规模、学科门类、课程数量、师资力量、教学资源等方面具有不可比拟的优势。推进军民融合，加快军队院校与普通高等院校深入融合，不仅能增加普通高等教育的经费投入，加大对硬件设施的建设，而且对于教学质量的提升具有重要意义。更重要的是推进军民融合还能更好地为高校贯彻《中华人民共和国兵役法》和《中华人民共和国国防教育法》提供有利的环境和条件，在激发学生投身国防热情的同时，更能深化学生履行国防义务的观念，提升学生履行国防义务的文化自省和自觉。

三、军民融合：高等学校国防教育模式的方向标

军民融合上升为国家战略后，社会各个领域展开了推进军民融合的基础性研究工作，高等教育作为人才培养的重要基地，是军民融合深化的重要领域。军民模式类型可概括为三种：互补模式、组合模式和多元化模式。

（一）互补模式

互补模式即为两个体系采取取长补短的措施形成合力的一种模式。军队院校和地方高校在教育体制、教育资源、教育制度和教育理念方面各自存在着优势与不足，取对方的优势来弥补自身的不足，是军队院校与地方高等院校互补的一种模式。这种互补模式可通过三种途径进行。其一，利用地方高等院校学科专业的多样性，根据军队人才梯队培养的专业需要，从地方院校毕业生中选拔学生军官，将他们充实到军队中，以此弥补军队院校在学科专业方面的不足，丰富军队军官团队专业的多样性。其二，利用地方高等院校通识教育的优势，聘请地方院校通识教育的任课教师到军队院校讲授通识课程，丰富军队院校学生的基础性知识。其三，军队院校

教师的军事知识具有前瞻性和实践性，地方院校可聘请军队院校的军事专家为地方院校学生讲授军事理论课程，强化学生的国防意识和国防观念。互补模式在运行管理上相对较为容易，但是对地方院校的军事课程内容体系要求较为严格，使用此模式不利于地方院校国防教育改革的长远发展，但在改革初期为了能快速与军队院校进行融合可采用此种模式。

（二）组合模式

组合模式是指军队院校自主培养与依托地方院校培养有机融合的一种模式。这种模式在当前高校科研合作项目中运用比较灵活，针对同一科研项目由不同高校根据自身的特点有机组合在一起，合力完成科研项目，取得成果。同样高等院校国防教育人才培养模式也可采用组合模式，如军队院校在军工高技术领域具有领先优势，地方院校可根据对高技术人才的需求从军队院校进行人才引进，将军工的高技术移植到民用技术中，提升民用技术的水平。而地方院校在基础研究领域具有较强的实力，军队院校也可根据自身的需要从地方院校中引进或招聘所需的人才，通过这种组合模式逐渐完善军队院校与地方院校在军事人才培养的不足，提高军事人才培养的效率，使军队院校和地方院校都能培养出既符合军队要求又符合社会需求的人才，实现“民即是军，军即是民”的战略要求。互补模式优势是取长补短，而组合模式既可以取长补短也可以强强联手，组合模式在一定程度上弥补了互补模式的不足，对于建设军民融合人才培养课程体系具有重要推动作用，但对军民两个领域人才引进、人才进出渠道的融合要求较高。

（三）多元化模式

多元化模式体现了未来军事人才培养的社会化及多元化。为了更好地发挥人才资源的最优化配置，实现国防教育改革的高效能实践，可采取军队院校与地方院校互补和合作模式。另外，通过将军队院校与地方院校进行资源整合，将部分军队院校的资源合并到地方院校，一方面可以增强地方院校军事学科的实力，另一方面可以精简军队院校的数量，减少经费投入的成本，同时也拓宽了军事人才培养与选拔的渠道。多元化模式是我国高等学校国防教育改革的重要路径，但对于多元化模式的实现机制仅停留在理论层面，若要真正落实须从国家顶层设计层面进行推进，从宏观和微观两个层面合力构建军民融合的多元化人才培养模式，助推中国早日实现“中国梦”和“强军梦”。

四、军民融合：推进高等学校国防教育模式改革的方略

正如前文所述，构建军民融合的互补、组合和多元化模式是推进高等学校国防教育模式改革的创新探索，那么在实践操作过程中也需要地方院校做出保障推进军民融合的方略。

（一）在地方院校增设国防奖学金

奖学金的目的是激发学生对学习的热情，鼓励学生努力奋进，促进学生德智体美全面发展，培养合格的社会主义接班人。目前，我国高等学校的奖学金制度已趋近于成熟，但对于国防奖学金的设置少有实施，这可能受之前中央军委颁发《关于建立依托普通高等学校设置国防奖学金》规定的影响。虽然取消了这一制度，但在国家深入推进军民融合的战略下有必要在地方院校重新增设国防奖学金，虽然这与中央军委设置国防奖学金的目的不同①（享受国防奖学金的学生必须完成在校期间和任职前的军政训练以及军训考核，毕业后应到军队工作），但与其他奖学金制度的目的是一致的，旨在鼓励学生投身国防事业、强化国防意识、培养国防观念。这与本文之前对高等学校国防教育推进军民融合模式改革要求所探讨的目的是一致的。

---

① 于川信：《军民融合式发展理论研究》，军事科学出版社，2008 年版。

（二）在地方院校增设军官培训机构

美国军队每年新入职的军官约70%以上要到地方院校设置的军官培训机构进行培训，地方院校必须按照军队规定的课程大纲对新军官进行培训，新军官必须完成规定的课时数才准予结业进入部队，如果未达到结业要求，则下一年需要重新培训①。而地方院校设置的军官培训机构所需的机构建设与规划费用是纳入国防费的，且由国会批准专项发放。而在我国对于新军官的培训主要由战区级单位直接设置的军官培训部门组织培训，并未依托地方院校对新军官进行专门的培训。所以，随着军民融合的深入推进，地方院校拥有丰富的通识教育资源，军队不仅需要军官具备较强的军事专业知识和技能，体现了社会需求的外在适切性，而且也需要军官具备较强的理智和理性能力，体现了理性的内在适切性，只有两者兼备才能实现全面发展②。

（三）在地方院校增设军事学院

从习近平总书记提出深入推进军民融合的战略部署中，已经体现出在地方院校增设军事学院的意向，此前我国地方院校招收国防生的做法就带有军事学院的性质，但随着军民融合上升为国家战略，取消了地方院校招收国防生的制度，取而代之的是在军队可从地方院校的毕业生中选拔人才并分配军队工作，表面上看是取消了地方院校招收国防生的制度，实际上则是为地方院校优秀大学生进入军队提供更好的机会，同时也是地方院校筹划增设军事学院的机遇。发达国家在高等教育领域推进军民融合的实践表明，通过在地方院校设置军事系，为军队培养了大批的军事人才。军事强国俄罗斯是该做法的典型。俄罗斯国家不仅在众多高等学校开设军事系，而且还设置了军事教研室。在我国高等学校中尚未设置军事系及军事

① 叶选挺：《美国推动军民融合的发展模式及对我国的启示》，《国防科技基础》，2007 年第 4 期，第 41—44 页。

② 陈汝祥：《中国特色军民融合理论与实践》，中国宇航出版社，2009 年版。

学院，部分高校中仅设置了军事教研室、国防教育学院，但与俄罗斯国家的军事教研室截然不同。我国军事教研室的基本职责主要是负责学生的军训和军事理论课程，工作基本局限在学校日常教学中，以通识教育为主；国防教育学院招收的学生基本上是培养研究生，以理论研究为主。地方院校增设军事学院，招收的学生既应有军队院校学生的基本军人素养，又应有军队院校学科专业的差异性。地方院校通过增设军事学院招收学生，军事学院学生一方面可以通过校内选拔产生，另一方面也可以借鉴俄罗斯、美国等发达国家模式从社会招收青少年，军事学院培养的学生毕业后不仅可以通过国家选拔进入军队工作，而且还可以直接进入社会工作。例如美国的军事学院不仅为国家培养了大批的军事学家，而且还培养了政治家、企业家、教育学家和科学家等等。

五、小结

国防建设事关国家安危，国防教育作为国防建设的基础，是国家和民族必不可少的基本教育，是培养军事人才的重要途径。而军队院校作为军事人才培养的主要渠道，已不能适应当前的新形势，军民融合模式为解决军队院校人才培养困境提供了新思路。高等院校作为军队院校融合的主要对象，在军队院校教育体系改革的进程中，推进高等学校国防教育改革是深入推进军民融合的重要举措。高等学校国防教育改革推进军民融合不仅是贯彻党和国家对军事人才培养的要求，而且能在资源约束下完成多样化的军事任务，同时也是深化学生自觉履行国防义务的观念的重要途径。互补模式、组合模式和多元化模式是高等学校国防教育改革推进军民融合进程中，不同时期的路径选择，通过在地方院校增设国防奖学金、在地方院校增设军官培训机构、在地方院校增设军事学院，是保障高等学校国防教育改革，推进军民融合的重要方略。

普通高等学校军事类通识课程建设研究

杨　新*

摘　要：在普通高等学校开设军事类通识课程，既是加强大学生国防教育的重要手段，也是加强学校军事课程建设的必要举措。在长期教学实践中发现，军事类通识课程建设的诸多基本问题仍然没有很好解决。本文从军事类通识课程的内涵、课程选题与申报、课程专题设计、课程相关建设等方面，初步探讨了军事类通识课程建设的基本问题，以期对普通高等学校加强军事类通识课程建设提供借鉴。

关键词：普通高等学校；军事课；通识课程

我国在20世纪80年代中期，即开始了普通高等学校军事课教学实践与探索。普通高等学校军事课教学，包括学生军事技能训练和军事理论教学两个方面，其中，军事理论教学课程，既有大学生军事理论必修课程，

* 作者简介：杨新（1967年—），男，四川通江县人，博士，南京大学军事教研室专职军事教师，副教授，主要从事军事思想、军事战略、《孙子兵法》、战略思维与战略文化、国防教育方面的研究。

也有军事类通识课程。许多高校根据自身特点，开设了诸多军事类通识课程，对于推动高校国防教育、提升大学生国防观念发挥了重要的作用。但普通高等学校军事类通识课程建设方面，有许多基本问题依然没有很好解决，因此有必要从理论和实践上加以探索。

一、军事类通识课程的科学内涵

在我国的普通高等学校中，无论是本科高校还是高职院校，都鼓励老师开设通识课程，只是不同的学校和学者对通识课程的理解有所区别（有的学校称之为通识教育课程、自由选修课程或限制性选修课程）。军事类通识课程，各高校也鼓励申报和开设，但也对什么是军事类通识课程缺乏界定。因此，加强军事类通识课程建设，首先需要探讨普通通识课程与军事类通识课程的科学内涵。

（一）关于通识课程的内涵

在中国知网以“通识课程”为关键词搜索，有4000多篇文献对通识课程进行了相关的研究。梳理相关研究文献，有学者认为，对于通识课程，目前并没有公认的和统一的界定，多数学校只是粗略地将“公共必修课”“公共选修课”（或文化素质类选修课）归入通识课程，把“专业必修课”和“专业选修课”归入专业课程。大学教育包含三个有机层次：通识教育、专业教育和选修教育。衡量通识课程有三个标准：第一，其目的是非专业性质的（教育目的）；第二，开课通常面向全校学生（开课对象）；第三，在修读方式上实行必修和限制性的选修（修读方式）。[①] 关于通识课程的设置问题上，有的学者认为，我国学者目前就构建通识教育课程体系基本上能达成某种共识，即建立以开设一定的必修课和选修课为主，以开设“专题讲座”“校园文化活动”“社团活动”等第二课堂为辅的通识教育课程体系，但在具体表述方面不尽相同。通识教育课程在构成

① 李会春：《中国高校通识课程设置现状研究》，《复旦教育论坛》，2007年第5卷第4期。

方面存在着“内容杂、结构乱、质量差、地位低”的现象，“拼盘化”现象比较严重，课程体系缺乏整体性和系统性，课程内容缺乏基础性、融通性和人文性，偏向应用型和专业化。[①]

南京大学关于通识课程的理解是：“通识课程不同于专业课程，专业教育主要关注学生某种专业知识的传授及其职业能力的培养，而通识课程的目的在于通过重组教学内容，对学生进行多方面能力的训练，发展其思维能力，提高学生表达思想、判断和鉴别价值等方面的能力，并以此促使学生的感情和理智都得到发展，使其全面发展，塑造完整人格。”“通识课程也不同于素质课程，素质教育更多地强调拓宽学生的知识面，强调提高学生的人文精神和人文素养，以提高大学生的文化品位、审美情趣和人文素养；通识课程的特点在于不同学科的知识相互通融，遇到问题时能够从比较开阔的、跨学科的视角进行思考，收集资料，与人交流合作，达到不同文化和不同专业之间的沟通融合。”[②]

综合以上观点，本文认为，普通高等学校开设的通识课程，是基于现代通识教育理念，面向全校学生开设的跨学科重组教学内容、对学生进行多方面能力训练、开拓学生视野、发展学生思维能力、塑造完整人格，并使学生得到全面发展的非专业教育性质的必修和限制性选修课程。这一界定，既符合上述衡量通识课程的三个标准，也符合当前我国普通高等学校通识课程设置的多样性特点。

（二）关于军事类通识课程

什么是军事类通识课程呢？在中国知网以“军事类通识课程”和“国防教育通识课程”为关键词搜索，没有发现与之相关的研究文献。理解军事类通识课程或国防教育通识课程的内涵，也可以按照上述通识课程的界定来理解，即普通高等学校开设的军事类通识课程，是基于现代通识教育

① 冯英：《近二十年来我国大学通识教育课程研究综述》，《黑龙江教育（高考研究与评估）》，2012 年第 1 期。

② 南京大学教务处：《关于通识课程》，http：//jw. nju. edu. cn/EduContentList. aspx？MType = PX – SSZJGZQ – KCZX – XSYTK&MID = root&FType = PX – SSZJGZQ – KCZX&res_ type = ecenter。

理念，面向全校学生开设的跨越多个军事学学科重组教学内容、对学生进行多方面军事能力训练、开拓学生军事视野、发展学生军事思维能力，并使学生的综合军事素质得到全面发展的非军事学专业教育性质的必修和限制性选修课程。

上述关于军事类通识课程的界定，明确了普通高等学校军事类通识课程以下三个方面的内涵。

第一，普通高等学校军事类通识课程的性质和教学目的，是基于大学生需要了解和掌握的军事与国防知识，跨越多个军事学学科领域和众多非军事学学科领域重组教学内容，旨在增强学生的国防观念、国家安全意识以及综合军事素质的非军事专业教育性质的课程。广义层面的军事类通识课程，既包括了《普通高等学校军事课教学大纲》规定的军事理论必修课和军事技能训练必修课，也包括了各普通高等学校开设的限制性选修类军事课程。而在教学实践中，一般仅从狭义层面来理解军事类通识课程，即不包括一般的军事类素质课程、军事讲座和大纲规定的课程，而专指非军事专业教育性质的限制性军事选修课程。

第二，军事类通识课程的开课对象是学校全体学生。一般而言，军事类通识课程对不同学科学生都应当具有广泛吸引力和思维启发性，能够开拓学生的军事视野、提升学生的战略思维能力、丰富学生的军事文化素养、增强学生的国防观念和国家安全意识。

第三，军事类通识课程的修读方式，不以学生须已修读系统性军事专业知识为前提，一般为任意选修或限制性选修。限制性选修，一般也以学生兴趣和选课学生人数限定为主。

国防教育通识课程，一般也以军事类通识课程为主，只是教学内容和选题更加宽泛而已。一般而言，凡是与国防、军事、国家安全及国防教育相关的教育内容，原则上都可以作为国防教育通识课程。

二、军事类通识课程选题与申报

加强普通高等学校军事类通识课程建设，首先遇到的问题是军事教师如何选题和申报课程。如果选题不好或不会申报，就难以开设军事类通识课程。

（一）军事类通识课程选题

军事教师在学校准备申报军事类通识课程时，应当重点把握以下几方面的问题：

1. 学生喜欢，教师能够驾驭

许多高校开设了《孙子兵法》、军事谋略、海洋安全、信息化战争典型战例、军事高技术、野外生存等军事通识课程，这些课程，学生都非常喜欢。只要学生喜欢，对于加强学生国防教育有意义，这样的军事类通识课程，军事教师都应当积极申报开设。但教师在选择开设的军事类通识课程选题时，也不能仅仅考虑学生是否喜欢的问题，还要考虑教师自身能否驾驭课程的问题。如果教师在某个课程方面有知识积累，能够驾驭，就可以开设这样的课程。如果自己不具备某门课程的理论功底，最好不要开设这样的课程。勉为其难地开设一门自己驾驭不了的军事通识课程，不但达不到教学目的，还会被学生称之为“水课”。

2. 紧贴国家和军队重大战略决策或政策

给大学生开设军事类通识课程，目的是通过课程学习，不但要让大学生掌握必要的军事与国防知识，增强国防观念和国家安全意识，拓展大学生的战略视野、提升战略思维能力，还要传承中国优秀传统军事文化，大力宣传实现“中国梦”“强军梦”的目标要求，弘扬人民军队的英烈精神、光荣传统和优良作风，增强学生的中华民族共同体意识、英雄情怀、社会责任感和爱国主义精神。因而，开设军事类通识课程，课程选题方面就必须紧贴国家和军队的重大战略决策或政策，要与党中央、中央军委确立的国防教育战略部署和教育目标相一致。

3. 针对学生特点和需求

开设军事类通识课程，选题和课程要紧贴国家和军队重大战略决策或政策，这是基本的要求，但也可以结合自己学校学生特点与需求来开设一些军事类的通识课程。例如现在的大学生对武器装备非常感兴趣、对战争题材的影视作品感兴趣、对大学生职业规划、大学生创业感兴趣、对军事谋略和《孙子兵法》也非常感兴趣。结合学生的这些兴趣和需求，就可以开设世界军事强国主战武器装备介绍、《孙子兵法》与大学生职业规划、《孙子兵法》与大学生创业、《孙子兵法》战略思维、军事谋略思维、从谍战剧学谋略运用、抗日影视作品中的英雄精神、从战争题材影视作品中学习解放军军史战史，等等。

针对学生特点来开设军事通识课程也是一个重要的选题思路。例如师范院校和女子学院的女生比较多，针对女生也崇拜英雄尤其是女性英雄的特点，教师们可以开设一门《战争影视作品中的女性英雄形象与英雄精神》通识课程，对女生树立正确的人生观和世界观非常有意义。类似的选题思路还有许多，但基本的原则就是要针对学生的特点和需求来确定课程选题。

（二）军事类通识课程申报要领

军事教师怎样成功申报一门军事类通识课程呢？这个申报过程大致可以概括为：多与教务处沟通—选题要吸引人和有意义—组织好教学团队—设计好课程体系—设计好理论讲授和实践环节—设定好开课人数和考核方式—配套教材和教材建设—MOOC 资源运用与开发—课程培训与推广。

1．多与教务处沟通

申报通识课程时，要和教务处多沟通，教务处觉得选题好，是专家组评议通过的重要前提。

2．选题要吸引人和有意义

因为有的选题缺乏吸引力，评审专家组和教务处评估选课的人员有限，看题目就不同意开设此课程。而选题吸引人但教育意义不大，教务处和专家组一般也不同意开设课程。

3．组织好教学团队

开设军事类通识课程，教师们既可以自己单独开设，也可以组成一个教学团队共同开设。组建一个好的团队，几个人分担任务，各自分工准备和讲课，难度相对较小，而且在本校或跨学校组建教学团队，能够体现这门课程的高水平，比较容易通过申报。

4. 设计好课程体系

这是写申报书时必须重点解决的工作，因为课程题目虽然好，但教学内容安排不合理，评审专家组也不会通过此申报。

5. 设计好理论讲授和实践性教学环节

一般而言，一门军事类通识课程，最好既有理论讲授课，也有教学参观或学生交流课，丰富多彩的教学安排才比较容易通过评审。

6. 设定好开课人数和设计好考核方式

人数限定太少的课不容易通过评审，人数太多的课，教师不易进行教学和课堂管理。选课人数一般控制在 100 人以内，而教务处认为是受学生欢迎的课，可将人数控制在 100—200 人，或者开设平行班授课；军事类通识课程可以以写论文或心得体会作为考核方式，也可以让一部分学生以演讲交流作为考核方式。

7. 选择或编写配套教材

军事类通识课程教材比较缺乏，在开设通识课几年后，应该编写相应的通识课程教材。加强军事类通识课程建设，编写教材是必须的配套工作。

8. 选择合适的慕课或视频资源

慕课是军事类通识课程教学的重要手段。在开设课程申报书中，应当明确有哪些慕课或视频资源可以为本课程所用。

9. 课程培训与推广

课程培训与推广方面的问题，在课程申报书中也应该有所反映。在申报书中设计好课程通过开设几年教学建设成熟后，可以通过培训等方式向各高校推广，这也是申报课程容易成功立项的一个重要的砝码。

三、军事类通识课程专题设计

成功申报了军事类通识课程后，在备课过程中需要进一步修改课程专题构成，构建一个科学的课程体系。

（一）根据教学时数、节假日、研讨要求设计好教学专题数目

学校的通识课程，一般有 1 学分、2 学分和 3 学分，对应的教学时间要求分别是 16 学时、32—36 学时、48 学时。确定了课程时数后，设计教学专题数目时需要考虑以下几个因素。

1. 考虑学校的上课方式

有的学校的上课方式是 2 节课连上，有的学校是 3 节课连上，分别为 2 学时和 3 学时。根据教学时数和上课方式确定教学专题数目后，可以进一步设计具体的教学专题内容。

2. 考虑节假日安排问题

不同年份和不同的学期，节假日安排有差异。在填报课程申报书和通识课程开设的教学计划回执单时，要查阅校历、节假日安排，尽量避开节假日对教学时间的冲突。

3. 考虑教师对课程研讨的安排

根据教师对课程研讨安排在课前、课中或课程最后的具体情况，确定教学专题的设计。

（二）紧扣教学目的和课程涉及的理论体系的内在逻辑设计教学专题

一般来讲，军事类通识课程体系的设计不仅考虑教学目的，还要考虑课程体系涉及的理论体系及其内在的逻辑。要从这两个方面的综合考虑来设计教学专题构成问题。以《海洋安全与海洋安全战略》课程为例。

1. 紧扣教学目的设计教学专题

教学目的，是让学生了解海洋对人类的发展与安全的价值与意义，了解海权理论发展历史、了解海权与大国兴衰的经验教训，了解世界海洋安全形势和中国的海洋安全形势，思考如何维护海洋安全的战略与对策，还要了解海洋强国的海洋战略问题，并增强建设海洋强国的信心，等等。整个课程的教学目标是由这些教学目的组成的。所以设计课程的专题，要涉及上述所有教学目的。把握了这些教学目的，可以基本明确

计划讲授的教学专题。

2. 紧扣课程涉及理论体系的内在逻辑

设计本课程教学专题必须考虑海洋安全与海洋安全战略课程涉及理论体系的内在逻辑。海洋安全与海洋安全战略这个课程涉及的理论体系的内在逻辑是：海与洋的区别—海洋的战略价值—中国的海洋构成与地缘战略环境特点及价值—海权理论发展及海权与大国兴衰的经验教训—世界海洋安全总体形势—中国海洋安全形势—世界主要国家海洋战略与海洋政策—海洋安全战略理论与主要国家海洋安全战略调整—中国建设海洋强国战略—维护中国海洋安全的措施与思考。这个内在逻辑只是其中的一种思考，还可以延伸出多种内在逻辑来。有了这个课程涉及的理论体系的内在逻辑的清晰认识，进一步结合教学目的，就可以设计出十几个科学的教学专题，从而构成一门“海洋安全与海洋安全战略”的课程体系。

（三）精致地设计每一个教学专题

课程体系设计好之后，需要把主要精力用在备课上，基本的要求是要精致地设计好每一个教学专题。因为一门课程的总体质量，取决于每一个专题的质量。如果个别专题质量好个别专题质量差，那么整个课程的质量则不高。

1. 按照高水平讲座设计和准备每一课

这是精致地设计每一个专题的基本要求。因为高水平的讲座课，理论要有深度、观点要新颖、例子要具有现实性、思考要具有历史的厚重感和现实指导性及预测性、互动要恰到好处、设置的课堂悬念要吸引人和巧妙，等等。按照高水平讲座的要求和标准来认真准备每一个授课专题的内容，整个通识课程则是水平非常高的课程。

2. 注重课程理论框架搭建

军事类通识课程的内容不像一些专业课程相对比较单一，能够自成理论体系，军事类通识课程涉及的学科理论较多、内容相对庞杂。如果整个课程各个专题只是按照讲座课的框架来设计每一堂课的话，整个课程的理论框架就难以搭建起来。或者说，每一个专题都是好课，但综合起来就显得比较乱，没有理论上的内在逻辑性，学习了一门课程后，学生感觉杂乱，不会形成清晰的理论认识。而且有的军事教师对于开设军事类通识课程有畏难情绪，除了感觉备课工作量大、理论和知识储备较少之外，最重要的一个原因，就是教师们认为课程内容变化太大了，讲一次就过时了，下一次开设时又得重新备课。之所以会这样，最重要的症结就是整个课程中每一个专题都设计成了讲座课，课与课之间缺乏内在的理论联系，整个课程的理论框架没有搭建起来。要解决这个问题，在设计通识课程体系时，必须要有自己的理论体系框架，然后拆分成十几个专题，各个专题之间有内在的理论逻辑性。这样来设计每个专题的内容，理论框架基本上是万变不离其宗的，讲授的具体事例则根据变化了的情况，随时可以替换以往用过的过时的例子。这样设计课程，一门课程即使讲若干年，基本的理论框架不用变化，或只要做些微调，而例子不断变化就可以成为与时俱进的课程。

3. 突出专题的理论性和独特思考，以理取事、以事说理

许多教师讲课，堆积了许多理论观点，但缺乏自己独特的理解和独到的分析，有的教师讲了好多例子，听起来非常生动有趣，但是听完课后学生会感觉什么都没有学到。这说明，一堂好的军事类通识课，既要参考和介绍别人的理论和观点，也要提出自己的理论和观点，更要有自己独特的分析。另外，一堂好的军事类通识课，一定是以讲理论为主、讲例子为辅助。讲理论可以用例子来说明问题，但不要随意讲一些不贴切的例子，一定要以理取事，用事来恰当地说理。讲例子也不能占用太多的时间，说清楚例子、讲明白道理就可以了。否则整个课几乎都是在讲故事，学生虽然听得开心，但最终难以达到开设军事类通识课程的教育目的。

4. 每节课和整个课程以一系列有内在逻辑联系的问题来展开

许多教师讲课，一般是平行地列出若干个问题，分别把各个问题讲清楚。虽然这是一个通用的做法，但必须高度重视各个问题之间的内在逻辑联系，要不断提出问题和不断地回答问题，这些问题既是教师讲课的逻辑线路，也是抓住学生注意力的方法。另外，整个课程体系的构建方面，各个课之间也是要有内在逻辑联系的，一门课应当回答十几个大的理论和现实问题，一堂课应当回答几个甚至十几个有内在逻辑联系的问题。

四、军事类通识课程相关建设

成功申报了一门军事类通识课程后，除了设计好课程体系和认真备课外，还需要加强相关的课程建设，才能把一门军事类通识课程建设成为优秀的通识课程。

（一）加强课程团队建设

加强军事类通识课程团队建设非常重要。一般应当建立一个3—5人的课程团队。这样做的好处有多个方面：一是优势互补，可以发挥各自的长处；二是备课和授课的工作量相对较小；三是生病和出差时能有人代课；四是教师来源的多样性和不同风格的授课艺术，会让学生对课程更加感兴趣。加强课程团队建设，重点要把握以下问题。

1. 要建立多个学习共同体，互相学习相互促进

军事课教师可以以兴趣、课程需求、科研需求等为纽带，建立多个学习共同体。在当今世界，其实没有哪个教师可以完全独立地完成多个学科领域中的教学与研究的，所以建立起不同的学习共同体是非常重要的，大家可以相互学习、互相促进。

2. 课程主持人要担负组织教学的主要责任

一是要把课程团队组织好，选择合适的人做合适的事。课程体系构建的设想、任务分工和备课与讲课要求要给团队成员充分明确，包括各个课之间怎样相互衔接、内容上避免相互重复等具体的事项，都要让每个团队成员心中有数。二是课程主持人要担负主要的教学任务。一般而言，课程主持人至少要完成一半甚至更多的通识课程教学任务，才能满足开设通识课程的基本要求。

3. 举办通识课教学研讨会听取改进意见和扩大影响

这是加强课程团队建设的一个重要方法。笔者开设了三门军事类通识课程，已经举办了三个教学研讨会，请军校和普通高校的专家来与学生一起开教学研讨会，既扩大了课程的影响力，也听取了同行专家和学生提出的课程改进意见，对于开设好军事类通识课程是非常有帮助的。同时，举办课程教学研讨会，也是加强学习共同体建设的一个好办法。

（二）运用各种教学手段提高教学质量

运用多种手段提高军事类通识课程的教学质量，是加强课程建设最为重要的方面，应当重点把握以下几方面的问题。

1. 利用好学生演讲、课堂提问、翻转课堂

提高军事类通识课程教学质量，需要教师多动脑筋。除了提高教师的授课艺术外，首先是要利用好学生的演讲交流。大学生比较喜欢演讲交流，可以每次课前让学生演讲交流，也可以在课程最后专门用1—2次课的时间让学生演讲交流。尤其是学生通过听同学的演讲，能够知道别的同学学到了什么、有什么独特的思考，能够激发学习和研究的兴趣。课堂提问也是一个提高授课质量的好办法，教师要多给学生提出问题，也要鼓励学生多给教师提出问题。翻转课堂在教学中已经普遍运用，因此建议各位教师可以事先布置学生一些需要研究的问题，在课堂上拿出一定的时间让学生交流，这样可以让学生变被动学习为主动学习，对学生提高学习兴趣和学习质量是非常有好处的。

2. 教师自己制作微课辅助教学

教师在备课和授课中，可能会经常有新的想法或重要的知识点想让学生了解和学习，或者有的基本理论不必在课堂上多讲，但又必须让学生了解，就可以自己制作微课，发到建立的教学 QQ 群或微信群里让学生自己学习。但让专业公司制作一个微课的成本要几千元，没有技术人员的支持也难以制作。其实自己在 office2013 或 office2016 软件中安装 office mix 插件，利用笔记本电脑，就可以用 PPT 制作微课了，能够满足学生学习的使用。office365 软件则优化了录制微课的功能，更加简单好用。教师自己做微课给学生看，或者让学生录制一些微课在同学间相互交流，对于提高教学效果是非常有帮助的。

3. 结合教学需求给学生开 1—2 次视频欣赏专题课

现在教师给学生上课，几乎每个课都离不开在课件中插入相关的视频给学生观看，但这种做法多是为了提高学生的学习兴趣，或者讲授没有办法直观体现的内容。通过视频观看，让学生学习兴趣和学习效果更好。在“海洋安全与海洋安全战略”课程中，我们专门开了一次视频欣赏课。搜集了许多相关视频，按照中国面临的海洋安全形势与挑战、中国建设海洋强国战略是什么、中国建设海洋强国面临什么挑战、中国建设海洋强国有哪些优势、如何维护中国的海洋安全这样的逻辑思路，把相关的视频组合到 PPT 中，一边串讲一边让学生看视频，取得了良好的教学效果。

4. 邀请专家在课程中开设教学讲座课

我们开设的多门军事类通识课程，主要是以自己讲为主，有时也会邀请军校和高校教师来开一两个教学讲座课。既受到学生的欢迎，又取得了很好的教学效果。

5. 发挥好学生助手的积极性和作用

在军事类通识课程教学中，会选拔一个女生和一个男生担任教学助手。学生助手在教学中的作用非常明显。一是平时可以让助手负责学生签到，节省了教师点名的时间；二是演讲交流课上，让学生助手写主持词和当主持人；三是让助手搜集学生的教学意见反馈，学生更倾向于向助手提出对课程的意见；四是让助手撰写新闻报道、拍摄照片和短视频积累教学资源。另外，学生助手也会根据学生的兴趣，策划一些活动，参加课程的学生自发参加活动，增强了课程班级同学的学习共同体感受。

五、结论

在普通高等学校中开设军事类通识课程，既是加强高校国防教育的重要途径，也是培养大学生国防观念和国家安全意识的重要方式，更是加强普通高等学校军事课程建设的重要方面。正确理解军事类通识课程的科学内涵、选择学生喜欢而且符合国家和军队重大战略决策和政策的课程选题、采取恰当的策略成功申报课程、科学设计好课程体系和教学专题、采取多种手段加强课程质量建设，才能开设好军事类通识课程，发挥好军事类通识课程的综合育人功能。

参考文献

张丽：《论完善学分制引领的通识课程改革》，《西南交通大学学报（社会科学版）》，2017 年第 2 期。

图书在版编目（CIP）数据

国防教育研究 . 2018/陈波主编 . —北京：时事出版社，
2019. 5
ISBN 978-7-5195-0312-3

Ⅰ. ①国… Ⅱ. ①陈… Ⅲ. ①国防教育—教学研究—
高等学校—文集 Ⅳ. ①G641. 8 -53

中国版本图书馆 CIP 数据核字（2019）第 058887 号

出版发行：时事出版社
地　　址：北京市海淀区万寿寺甲 2 号
邮　　编：100081
发行热线：（010）88547590　88547591
读者服务部：（010）88547595
传　　真：（010）88547592
电子邮箱：shishichubanshe@ sina. com
网　　址：www. shishishe. com
印　　刷：北京旺都印务有限公司

开本：787 × 1092　1/16　印张：10. 25　字数：180 千字
2019 年 5 月第 1 版　　2019 年 5 月第 1 次印刷
定价：80. 00 元
（如有印装质量问题，请与本社发行部联系调换）